JN409814

동북아 국가들의 6·25전쟁 정책과 전략

손경호

지문당

차례

서론

6·25전쟁의 포성이 잦아든 지 60년이 넘었지만 아직 동북아 국가들은 적대적 대결 구도에서 벗어나지 못하고 있다. 남과 북은 아직도 분단된 상태로 서로를 신뢰하고 있지 않으며, 미국과 중국은 세계적 차원에서 경쟁을 벌이면서 특히 동아시아에서 날카롭게 마주하고 있다. 일본은 중국과의 영토적 갈등을 구실로 보통 국가로의 길을 모색하고 있으며, 러시아는 나름대로의 영향력 유지를 위해 고심하면서 극동에서 활로를 찾고자 하고 있다. 동북아의 국가들은 상당한 규모로 서로 경제적으로 교류하고 있으나 안보적인 면에서는 여전히 첨예하게 대립하고 있다. 때문에 서유럽 국가들 사이에 이루어진 높은 수준의 통합은 당분간 이 지역에서는 기대하기 어려울 것으로 보인다.

동북아의 안보 상황이 잘 변하지 않는 것은 과거 이 지역 국가들이 직·간접적으로 참여한 6·25전쟁 경험과도 관련이 있다. 6·25전쟁은 냉전의 갈등 구조 속에 지정학에 기초한 각국의 전략적 이해가 복합적으로 작용하여 치러진 전쟁이었다. 이 전쟁에 각국은 복잡한 셈법을 적용하며 뛰어들었고, 오늘날도 여전히 유사한 셈법을 통해 생존과 이익을 위한 수를 두고 있다.

6·25전쟁 정전 60주년이 넘었다는 것은 한반도의 이러한 전략 지도를 다시금 돌아보고 평가해 볼 시기가 되었음을 의미한다. 당시의 전략 지도는 동북아 국가들이 지니고 있던 세계적 차원 및 지역적 차원에서 비롯된 대결 전략, 지정학적인 이해관계, 이로 말미암은 각국의 고유한 안보 전략, 그리고 서로가 취한 정책들이 초래한

상호 작용과 반작용의 결과로 이루어져 있었다. 문제는 이 전략 지도의 유효기간이 아직 끝나지 않았다는 것이다.

이 책은 이러한 인식 아래 6·25전쟁의 당사자인 남북한과 미국, 소련, 중국, 일본의 전쟁 전략과 주요한 정책들을 고찰해 보았다. 그동안 6·25전쟁 참전 주요국의 전략과 정책을 다룬 연구서들은 많이 출판되었지만 대부분 특정국의 관점과 결정에 대한 분석이 주를 이루었다. 전쟁 직후에는 미국의 전쟁 정책과 지도가 그리고 최근에는 중국의 참전 결정과 의도가 주로 연구되고 있다. 이러한 측면에서 냉전 구도 속에서 구현된 한반도와 주변 강국의 전략적 이해를 종합적으로 분석해 보는 것은 뜻깊은 일이라고 생각된다.

이 책은 우선 세계적인 냉전을 분석하였다. 이어서 한국과 북한의 초기 군사전략, 전반적인 전쟁수행 전략을 분석해 보았으며 독자들의 흥미를 위해 초전의 긴박한 국면과 함께 전쟁 정책들을 고찰하였다. 그리고 주변 강국들의 경우 개입의 동기, 의사 결정 과정, 그리고 전쟁수행 전략을 위주로 분석하였다. 일본이 당시 미군정의 간접 통치를 받고 있었던 것이 일본을 분석 대상으로 포함하는 것에 대한 부담으로 작용하였으나 일본 정부 역시 전쟁을 주도적으로 인식하고 대응하였다는 점에서 충분히 연구의 대상이 될 것으로 판단하여 포함시켰다. 6·25전쟁 연구서 가운데 한국 정부의 전쟁수행 전략과 정책에 중점을 둔 연구서가 드문 것이 현실인데 이 책은 이러한 측면에서도 나름대로 기여하고자 하였다.

이 책은 많은 분들의 후의와 수고로 완성되었다. 박삼득 전 총장님과 위승호 총장님의 배려, 군사전략학과 교수님들의 격려와 조언이 없었더라면 이 책은 시도될 수 없었을 것이다. 그리고 선뜻 출판을 결심하고 일을 추진해 주신 지문당의 임삼규 사장님과 교정을 보아 주신 문현경 선생, 원고 정리를 도와준 신정헌 군의 노력으로 이 책이 완성될 수 있었다. 무엇보다 늘 함께 해 주지 못하는 본인을 변함없이 이해하고 격려해 준 아내 서주은의 기도와, 기주, 기석 두 아들의 성원이 부족한 책을 끝까지 쓸 수 있도록 한 원동력이 되었다. 이 모든 도움을 허락하신 하나님께 감사드리고 그 이름을 찬양한다. 아무쪼록 이 책이 6·25전쟁을 공부하는 연구자들에게 작은 도움이 되기를 희망한다.

2015년 6월 손경호

제1장 | 제2차 세계대전 이후 냉전의 발달

1. 냉전의 전조
2. 냉전의 형성
3. 냉전의 확산

제1장 | 제2차 세계대전 이후 냉전의 발달

1. 냉전의 전조

냉전은 제2차 세계대전의 전개 과정 중에 잉태되었다. 전쟁이 승리로 마무리되어 갈 무렵 연합국 사이에서는 동유럽 국가들의 처리에 대해서 서로 다른 생각을 하기 시작하였다. 소련은 동유럽이 자신의 영향력 아래에 있어야 한다고 주장하였으며 미국과 영국은 그러한 생각에 반대하였다. 아울러 유럽에서의 승리 이후 소련은 독일로부터 막대한 배상을 받아 낼 계획이었으나 미국과 영국은 반대하였다.[1] 전쟁은 서로 다른 이념과 국제 질서에 대한 서로 다른 이해를 잠시 봉합해 협력을 추구하게 하였으나, 전쟁의 결말이 가까워지면서 가려져 있던 불편한 진실들이 드러나기 시작하였다. 어쩌면 제2차 세계대전은 필연적으로 도래하였을 냉전을 위해 독일이라는 국가 사회주의 체제를 제거하는 역할을 하였는지도 모른다.

사실 공산주의 국가와 자유민주주의 국가 간의 갈등은 전쟁 이전부터 존재하였다. 공산주의를 근본적으로 싫어하였던 처칠(Winston Churchill)은 제2차 세계대전이 발발하자 히틀러를 제거하기 위해서 공산주의 소련과 협력하는 것이 필요하다는 것을 인정하게 되었다. 그는 소련을 전쟁을 위해 잠시 필요한 '악'으로 인식하고 있었던 것이다. 역사적으로 러시아혁명(1917) 이후 유럽의 주요 국가들은 공산주의 혁명의 성공을 저지하기 위하여 백러시아(지금의 벨라

1) John Lewis Gaddis, *The United States and the Origins of the Cold War, 1941-1947* (New York: Columbia University Press, 1976), pp. 354-356.

루스)를 지원하였고, 이를 위해 미국, 영국, 프랑스 및 일본은 시베리아 지역에 출병까지 하였다.[2)] 사실 이는 러시아가 제1차 세계대전에서 물러난 뒤 독일과 협력할 것에 대한 우려로 인해 비롯된 것이었다. 물론 이러한 지원은 공산주의 소련의 체제가 뿌리를 내리면서 중단되었고 자유주의 진영은 공산주의 소련과의 동거를 선택하였다.

제2차 세계대전 동안 연합국 사이에서는 전쟁 지도를 둘러싼 갈등이 지속해서 존재하였다. 이 갈등은 필연적으로 미국과 영국이 연대한 세력과 소련 사이의 갈등으로 나타났다. 연합국 사이에서는 전쟁을 수행하기 위한 몇 가지 원칙을 수립하였는데 그 가운데 가장 중요하였던 것이 '독일우선원칙'이었다.[3)] 이 때문에 미국은 비록 태평양에서 일본과 전쟁을 치르고 있었지만 유럽 전역에 전력의 우선순위를 두고 있었다. 연합국 수뇌부는 독일을 패배시키기 위해서 유럽에 지상군을 상륙시키는 것을 관건으로 보았다. 그러나 독일의 바바롯사 작전(Operation Barbarossa)이 시작된 1941년 6월 22일 이래 유럽 전선에서는 소련군만이 독일군과 맞서며 고군분투하고 있었다. 소련으로서는 다른 연합국이 신속히 유럽에 상륙하여 제2전선을 열어주기를 고대하였다. 하지만 이러한 소련의 기대와 달리 연합군은 1944년 6월 6일에야 노르망디에 오버로드 작전(Operation Overlord)을 시행하며 상륙하였다. 이를 두고 스탈린(Joseph Stalin)과 그의 부하들은 소련이 독일과의 전쟁에서 대량의 피를 흘리는 것을 자본주의 국가들이 의도하고 있다고 의심하였다.[4)]

---

2) Melvyn P. Leffler, *The Specter of Communism: The United States and the Origins of the Cold War, 1917-1953* (New York: Hill and Wang, 1994), p. 9.
3) Allan R. Millett & Peter Maslowski, *For the Common Defense: A Military History of the of America* (New York, London, Sydney: Free Press, 1994) p. 424.
4) 제2차 세계대전 중 제2전선에 관한 논의는 John Lewis Gaddis(1976), pp. 64-72 참조.

제2전선의 문제는 태평양의 대일 전선에서 재연되었다. 유럽 전선과 달리 일본과의 단독 전쟁을 수행하고 있던 미국으로서는 소련군이 극동에서 작전을 전개하여 일본군을 흡수해 주기를 고대하였다. 그러나 소련은 쉽사리 움직이지 않았으며, 심지어 시베리아에 일본을 공습하기 위한 폭격기 기지를 설치하는 것조차 허락하지 않았다. 소련은 얄타에서 독일이 패망한 뒤 90일 이내에 참전하겠다고 약속하였다. 물론 여순항과 대련의 조차를 포함한 소련의 참전에 대한 충분한 대가가 약속되었다.[5] 이러한 소련의 태도는 미국의 정책 결정자들에게 불만을 안겨 주었다. 결국 소련은 원자폭탄이 투하되자마자 8월 9일 서둘러 일본에 선전포고를 하고 대일 전선에 뛰어들었다.

미국, 영국, 소련의 연합은 전쟁의 필요에 의해서 형성되었지만, 국가들 사이의 원만한 협조는 많은 부분 루스벨트(Franklin D. Roosevelt)의 리더십에 의해서 이루어졌다. 루스벨트는 소련이 미국, 영국, 중국과 함께 전후에 세계의 주요한 경찰관 역할을 감당하여야 한다고 생각하고 있었다. 또한 소련은 실질적으로 전쟁에서 중요한 역할을 하였다. 일본이 진주만을 공습하기 전까지 그는 중립을 선언하고 재선에 성공하였기에 직접 대독 전선에 참여하기보다는 다른 참전국들에 무기를 대여하여 (Lend-leaseAct) 이들이 전선에 남아 있도록 하는 수밖에 없었다. 미국이 참전한 이후에도 루스벨트는 가급적 소련이 전쟁에서 큰 역할을 하는 것이 중요하다고 판단하였다.

세 국가 사이의 연합은 소련이 독일에 반격하며 동유럽 국가들로 진군하자 파열음을 노출하기 시작하였다. 동유럽 국가 가운데 연합국 사이의 갈등이 첨예하게 고조되었던 계기는 폴란드의 전후처리 문제였다. 폴란드는 독일과 러시아 사이에 자리 잡고 있는 관계로

5) 그 외에도 미국은 스탈린의 요구대로 쿠릴 열도와 사할린을 회복하며 동청철도와 남만철도의 관할권을 획득하고 외몽고의 독립을 인정하기로 하였다. John Lewis Gaddis(1976), p. 78.

양국으로부터 늘 위협을 받아 왔다. 제2차 세계대전의 결정적인 계기가 되었던 것 역시 1939년 독일의 폴란드 침공이었다. 당시 소련은 독일과 비밀리에 독·소 불가침조약(Molotov-Ribbentrop Pact)을 체결하고 독일과 함께 폴란드의 영토를 반분하였다.

스탈린은 폴란드에 대해 특별한 관념을 지니고 있었다. 그는 폴란드가 역사적으로 유럽 세력이 러시아를 침공하는 통로가 되어왔으며, 이로 인해 폴란드는 제2차 세계대전이 끝나는 시점에서 소련의 영향권에 편입되어야 한다고 생각하였다. 이러한 스탈린의 구상은 1943년 스탈린그라드(지금의 볼고그라드)에서의 승리로 구체화되기 시작하였다. 동부전선에서 소련군이 독일군에 우세를 유지하자 소련의 구상을 제지할 세력이 사실상 존재하지 않게 된 것이다. 이러한 현실은 루스벨트로 하여금 폴란드에 대한 소련의 우월적 권한을 인정하게 하였다. 1944년 7월 루스벨트는 폴란드 대사인 얀 치에하노프스키(Jan Ciechanowski)에게 미국은 동폴란드와 발트 해 국가들을 소련이 차지하지 못하도록 싸울 생각이 없다고 털어놓았다.[6)]

결국 동폴란드 지역은 테헤란(1943)과 얄타(1945)에서 소련에 할양이 결정되었다. 사실 이 선은 18세기에 프러시아와 러시아의 대략적인 국경이었고, 제1차 세계대전의 종전 시에 영국정부가 권유하였던 선이다. 그러나 폴란드는 1차 대전의 종료와 더불어 이 선보다 동쪽으로 이동하였다. 이 지역은 선 서쪽에 대부분 폴란드인이 거주하는 것과 달리, 우크라이나인, 벨라루스인, 유대인들과 일부 폴란드인들이 거주하고 있었다. 동폴란드를 상실한 대신 폴란드는 독일로부터 일부 영토를 넘겨받게 되었다.

폴란드 영토의 조정 외에 문제가 되었던 것은 소련이 점령한 지역에서 폴란드 공산 정권(Lublin)을 수립한 것이다. 폴란드는 일찍이 영국에 망명정부를 수립하였고 제2차 세계대전 초기부터 국제적인 인정을 받아왔는데 소련이 망명정부를 무시하고 폴란드에 공산주의 정권을 일방적으로 수립하여 실질적인 영향력을 행사하기 시작한 것

6) John Lewis Gaddis(1976), p. 136.

이다. 소련의 행위는 다른 연합국 정부들의 분노를 샀으나 결과적으로 연합국은 얄타에서 루블린 정권을 인정하기로 합의하였다.

폴란드에 대한 소련의 행태는 대서양헌장의 정신에 완전히 위배되는 것이었다. 대서양헌장의 기본적인 정신 가운데 한 가지는 전쟁을 통한 영토의 변화를 추구하지 않고 약소국에 자주적인 정부를 결성할 수 있는 권리를 보장한다는 것이었는데, 소련의 행동은 이를 정면으로 위반하는 것이었다. 대서양헌장은 미국의 국민들이 전쟁에 참전하는 도덕적 기반으로서 작용하였기 때문에 소련의 위반과 이에 대한 미국의 양보는 국민들의 지지가 필요한 루스벨트 행정부의 전쟁수행 노력에 심각한 부담을 주는 것이었다.

연합국 간의 관계는 루스벨트가 1945년 4월 12일 사망하면서 악화되기 시작하였다. 루스벨트의 뒤를 이은 트루먼(Harry Truman)은 공산주의 소련에 대해 회의적이었다. 이러한 그의 시각에 소련에 대한 부정적인 인식을 심화시킨 이는 주소련 미국 대사였던 해리먼(Averell Harriman)이었다. 해리먼은 소련의 탐욕스러운 대외정책과 전제적인 내부 정치의 실체를 트루먼에게 각인시켰으며 조심스럽게 소련을 대하도록 조언하였다.

트루먼은 그의 근본적인 반감에도 불구하고 소련에 대해 조심스러운 협조로 정책의 기조를 바꾸었다. 미국은 독일에 대한 승리 이후에도 소련의 도움이 필요하였던 것이다. 일본과의 전쟁이 여전히 진행 중이었고 트루먼으로서는 소련군을 하루빨리 끌어들여 전쟁을 속히 종결하여야 할 필요가 있었으며 특히 미국 청년들의 인명 손실을 줄여야 하는 입장이었다. 태평양 전쟁의 주요한 양상이었던 상륙작전은 일본의 궁극적인 항복은 잠수함을 통한 고사작전이나 항공기를 이용한 전략폭격만이 아니라 본토에 대한 상륙으로서만 가능함을 미국 정부의 지도자들에게 깨닫게 하였다. 문제는 일본 본토에 성공적으로 상륙하기 위해서는 많은 미국 젊은이들을 희생해야 한다는 점이었다. 이는 그동안 일본과의 전쟁을 통해 충분히 입증되어 왔다.

군사 분야 전문가들은 대체로 소련과의 협력을 긍정적으로 평가하였다. 전쟁부나 해군부 소속 정책 결정자들은 소련의 대일전 참전이 전쟁 기간을 단축하며 미국인들의 희생을 줄일 것이라는 데 의견을 같이하였다. 군사적인 현실 감각이 소련과의 협력을 추구하도록 한 것이다. 그러나 소련은 쉽사리 전쟁에 뛰어들지 않았다. 소련은 얄타회담에서 약속한 대로 독일과의 전쟁이 끝난 뒤 3개월 이내에 태평양 전선에 개입할 작정이었다. 당면한 전쟁을 치러야 하는 미국과는 한 발자국 떨어진 입장이었다.

한편 소련의 참전은 미국으로 하여금 새로운 고민을 안겨 줄 수도 있었다. 그동안 동유럽에서 소련이 보여 준 행태를 감안해 볼 때 소련은 분명히 아시아 태평양에서도 자신의 영향력을 확장할 것이며 연합국과 대결적인 정책을 취할 것이기 때문이다. 이러한 예측은 주로 국무부 관계자들 사이에서 공유되었다. 미국으로서는 소련의 참전이 무조건 반가운 일만은 아니었던 것이다.

이러한 미국의 곤란한 입장을 단번에 해결해 줄 방법이 등장하였다. 그동안 개발해오던 핵무기가 실험에 성공한 것이다. 맨해튼 프로젝트 팀의 연구자들은 포츠담회담에 참석한 트루먼에게 실험의 성공을 알려왔다. 원자폭탄의 개발은 미국으로 하여금 소련의 도움 없이 일본과의 전쟁을 신속하게 끝마칠 길을 열어 주었다. 당시 포츠담에서 회담을 갖고 있던 트루먼은 이 소식을 처칠에게만 알려주었다. 이러한 내막을 모르고 있던 스탈린은 이 회담에서 소련이 8월 15일 이후에나 대일전에 참전할 수 있을 것이라고 하였으며, 소련의 군사 지도자들은 미국의 담당자들에게 대일전에 대한 사항들을 질문하였다.

결국 미국은 일본에 원자폭탄을 투하하였다. 1945년 8월 6일 히로시마에 리틀 보이(Little Boy)가 투하되었고, 이어서 8월 9일에는 팻 맨(Fat Man)이 투하되었다. 원자폭탄의 파장은 즉각적으로 나타났다. 소련은 일본에 원자폭탄이 투하되자 즉각 만주와 한반도로 진군을 개시하였다.

2. 냉전의 형성

미국의 냉전 전략을 규정한 것은 1946년 2월 22일 주소련 미국 대사관에 근무하던 케난(George Kennan)이 국무부와 재무부에 발송한 8,000자에 달하는 장문의 전문이었다. 이 전문에서 케난은 소련의 잇단 반서방적인 행동의 기원이 제2차 세계대전 전에도 존재하였고 현재도 존재하는 러시아 고유의 전통에 의한 것이라고 진단하였다. 그는 소련인들은 억압 외에는 적당한 통치 기술을 모르며 이를 위해 외부 세계를 악과 위험이 가득한 곳으로 묘사할 필요가 존재한다고 하였다.[7)]

케난은 1947년 여름 『포린 어페어즈, *Foreign Affairs*』에 Mr. X라는 필명으로 "소련 행동의 근원, The Sources of Soviet Conduct"라는 논문을 기고하며 본격적으로 봉쇄(containment) 개념을 소개하였다. 그는 소련이 시도하는 팽창주의는 외부의 위협에 대하여 안전을 확보하고자 하는 반응이라고 보았다. 이와 연관하여 그는 소련을 지배하는 이데올로기 그 자체는 단순히 소련이 추구하는 팽창주의의 도구임을 간파하였다. 그는 소련의 팽창을 저지하기 위해 봉쇄를 제시하였다.[8)]

케난은 봉쇄를 구현하는 과정을 위해 지정학에 기초를 둔 세계관을 제시하였다. 그는 전 세계에 다섯 개의 산업과 군사력을 겸비한 중심이 있다고 전제하며, 미국, 영국, 독일을 포함한 중앙 유럽, 소련, 그리고 일본이 그 중심이라고 하였다. 케난은 그 한 중심인 소련의 팽창이 전쟁이 아닌 선동 등을 포함한 심리적인 방법을 사용하고 있다고 진단하였다. 다만 케난은 스탈린이 히틀러처럼 세계정

7) George Kennan, "Moscow Embassy Telegram #511," Thomas H. Etzold and John L. Gaddis eds., *Containment: Documents on American Policy and Strategy, 1945-1950* (New York: Columbia University Press, 1978), pp. 50-63.
8) John L. Gaddis, *Strategies of Containment* (Oxford: Oxford University Press, 2005), pp. 32-33.

복의 시간표를 지니고 있는 인물이 아니라고 보았다. 당시 케난의 판단에 의하면 두 개의 산업 중심, 독일과 일본이 전쟁으로 인해 소련의 심리전에 취약한 상태에 놓여있었고, 무엇보다 독일과 일본이 자신감을 상실한 것이 가장 심각한 문제라고 인식하였다.[9)]

케난은 소련의 위협에 부응한 대응 전략을 제시하였다. 그는 심리적인 위협이 소련이 추구하는 대서방 전략의 본질이므로 미국 역시 심리적인 접근을 취하는 것이 필요하다고 주장하였다. 1948년 말, 케난은 미국인들이 좀 더 미국에 유리한 국제 질서가 등장할 것이라는 확신을 할 수 있는 단계적인 방법을 제시하였다. 그는 우선 소련의 팽창으로 자신감을 상실한 서구의 산업 중심이 자신감을 회복하여 세력균형을 이루는 것이 필요하다고 하였다. 이어서 그는 소련과 국제 공산 기구와의 갈등을 활용하여 소련의 투사력을 감소시키는 것이 필요하며, 마지막으로 소련으로 하여금 서로 다른 체제가 공존할 수 있음을 확신시켜야 한다고 주장하였다.[10)]

케난은 당시 공산주의자들의 도전을 받고 있는 지역의 국가들이 자신감을 회복하는 것이 관건이라고 생각하였다. 이를 위해 케난은 이 지역에 대한 경제적인 원조가 필수적이라고 보았다. 이러한 측면에서 그는 독일과 일본에 대한 전후 부흥정책이 시행되어야 함을 피력하였다. 케난은 독일에 대해 유럽과의 높은 수준의 통합을 통한 경제 회복이 필요하다고 주장하였는데, 이를 통해 독일인들이 자신감을 회복함은 물론 더 이상 자국 중심주의에 함몰될 위험을 피할 수 있다는 것이었다. 일본에 대해서도 케난은 일본인들의 자신감 회복을 위하여 단순한 전후 점령 관리에서 적극적인 부흥을 위한 정책으로 전환하여야 한다고 역설하였다.[11)] 케난의 궁극적인 목표는 그러나 전 세계를 미국과 소련의 세력으로 양분하는 것이 아니라 유럽과 아시아에서 독자적인 중심들이 출현하여 소련에 대한 두려

9) Ibid., p. 34.
10) Ibid., pp. 35-36.
11) Ibid., pp. 36-37.

움 없이 번영을 구가하도록 하는 것이었다.[12)]

냉전은 1947년 그리스와 터키를 둘러싼 양 진영의 갈등에서 그 실체를 보다 분명하게 드러내었다. 그리스는 1944년 이래 유고슬라비아의 지원을 받는 공산주의자들의 도전에 직면해 있었다. 전후 영국은 제2차 세계대전의 여파로 인해 그리스 문제를 해결할 수 있는 여력이 전혀 없었다. 영국은 이로 인해 그리스에 대한 미국의 지원을 요청하였다. 아울러 터키는 전후 흑해와 지중해를 연결하는 보스포루스 해협을 손에 넣고자 하는 소련의 압력 아래에 놓여 있었다. 스탈린은 사실 테헤란에서부터 터키의 해협 통제권을 얻고자 하였는데 얄타회담에서 트루먼의 반대에 부딪히자 1946년에 터키에 이를 직접적으로 요구한 것이다.

트루먼과 애치슨(Dean G. Acheson)은 1947년 3월 12일 트루먼 독트린을 발표하며 그리스와 터키 문제를 해결하고자 하였다. 미국은 그리스에 25억 달러를 지원하고 350명의 군사고문단과 군사 장비를 지원하였으며 터키에는 15억 달러를 지원하였다. 애치슨은 트루먼 독트린을 완성해 가는 과정에서 썩은 사과가 전체를 감염시키는 현상처럼 그리스가 이란을 감염시키고 이것이 중동을 부패하게 하며 결과적으로 아프리카와 유럽을 공산화할 것이라고 주장하였다. 트루먼 독트린은 자유민들에게 공포와 억압을 사용하는 국가들이 존재한다며 당신은 어느 편에 서 있는지 묻고 있었다. 이후 세계는 실질적인 냉전의 이분법 속으로 급속히 빠져들기 시작하였다.

냉전의 실체가 트루먼 독트린으로부터 드러나기 시작했다면 봉쇄전략에 의한 냉전의 격화는 마셜플랜(Marshall Plan)이 계기가 되었다. 전후 유럽은 너무나 피폐해 있어서 소련의 침공이 아니라 경제적 붕괴로 사회주의로 넘어갈 상황에 처해 있었으며, 이는 미국의 경제를 마비시킬 염려가 있었고 궁극적으로는 자본주의 전체를 붕괴시킬 가능성을 지니고 있었다.[13)] 미국은 유럽이 지니고 있는 정치

---

12) Ibid., p. 40.

13) Walter LaFeber, *American Age: U.S. Foreign Policy at Home and Abroad,*

적, 문화적 동질성을 고려하여서라도 유럽에 대한 원조를 시급히 시도해야 하는 입장에 처해 있었다. 1947년 6월 5일 마셜(George C. Marshall)은 마셜플랜을 발표하였고, 미국은 이 계획에 의해 1952년까지 영국과 프랑스, 독일 및 유럽 각국을 대상으로 130억 달러를 원조하였다. 원조의 결과 유럽 국가들의 생활수준이 향상되기 시작하였으며 무엇보다도 각국에서 공산주의 정당들이 정치 무대에서 사라지기 시작하였다. 마셜플랜은 미국이 행한 대외정책 가운데 가장 성공적인 정책 가운데 하나로 평가되고 있다. 최초 마셜플랜은 소련과 동유럽 국가들을 배제하지 않았으나 이들은 독자적으로 몰로토프플랜(Molotov Plan)을 시행하여 진영 내의 결속을 도모하였다.

3. 냉전의 확산

냉전은 초창기에 주로 유럽을 중심으로 전개되었다. 1947년에 발생하였던 그리스와 터키 사태는 유럽의 주변부를 둘러싸고 발생한 충돌이었다. 사실 그보다는 유럽의 중심에서 발생할 소련과의 충돌이 훨씬 큰 파장을 미치게 될 터였다. 냉전은 곧 케난이 분류한 유럽의 중심에서 그 모습을 드러내었다. 1948년 베를린에서 위기가 발생하며 유럽은 본격적인 냉전의 소용돌이 속에 휘말리게 되었다.

트루먼 대통령은 독일의 장래가 유럽 안보의 핵심이라는 생각을 가지고 소련이 지배하는 지역을 제외한 나머지 지역을 통합하기로 하였다. 그는 영국과 프랑스에 이러한 의도를 전하였으며 곧 동의를 얻어 서독을 공식적으로 출범시키기에 이르렀다. 여기에는 베를린 지역의 통합도 포함되었다. 물론 이러한 시도는 즉각적인 소련의 반발을 불러왔다.

Vol. 2-since 1896 (New York: W.W. Norton & Company, 1987), p. 479.

소련은 독일이 재건되는 것을 염려하였다. 무엇보다도 재건된 독일이 서방 진영에 합류하는 것은 소련으로서는 가장 피하고 싶은 일이었다. 스탈린은 서방 국가들의 행동이 포츠담선언을 위반하는 것으로 판단하였다. 소련의 지도자들은 만일 독일이 산업을 재건하는 데 성공한다면 이를 군사력 건설에 활용할 것으로 보았고 특히 독일이 통일된다면 동구에 대한 소련의 지배권에 도전할 것으로 예측하였다.[14)]

소련은 1948년 6월 24일 베를린을 봉쇄하였다. 소련의 봉쇄는 자유주의 진영 국가들에 심각한 도전이었으나 이를 빌미로 전쟁을 일으킬 수는 없는 상황이었다. 트루먼은 직접적인 군사행동을 택하는 대신 베를린 지역에 대한 물자 지원을 단행하였다. 그의 지시에 의해 식량, 연료 그 밖의 생활필수품이 공수되기 시작하였다. 베를린 시민에 대한 지원은 약 10개월 동안 계속 되었으며 약 250만 톤의 각종 물자가 공급되었다. 베를린 공수는 소련의 봉쇄에 대한 서방 국가들의 단호한 의지의 상징이 되었다. 결국 1949년 4월 소련은 봉쇄를 포기하였다. 아울러 이로 말미암아 1949년 10월에 동독과 서독이 각각 탄생하게 되었다.[15)]

한편 냉전의 또 다른 전선인 한반도는 미국에 달갑지 않은 부담스럽기만 한 존재였다. 1947년 4월 29일 미국 합동참모본부의 합동전략조사위원회는 "국가 안보 측면에서 본 미국의 대외 원조"라는 보고서를 작성하였다. 이 보고서는 미국의 국가 안보에 중요한 지역을 주변 지역과 핵심 지역으로 분류하였고 그 가운데에서도 우선순위를 부여한 것이었다. 이 기준에 따라 한국은 주변 지역으로 분류되었고 미국의 지원이 필요한 순위에서는 16개국 가운데 4위를 미국의 안보에 기여하는 중요도에서는 16개국 가운데 15위를 차지하였고 이 두 가지를 종합하여 16개국 가운데 13위를 차지하였다.[16)]

14) Melvyn P. Leffler, *A Preponderance of Power* (Stanford: Stanford University Press, 1992), p. 204.

15) Alan Brinkley, *The Unfinished Nation* (New York: McGraw-Hill, Inc., 1993), p. 757.

미 합참은 장차 전쟁의 양상과 한국이 위치한 지정학적인 조건에 의해 한국에 병력을 배치하는 것을 부정적으로 평가하였다. 합참은 향후 소련과의 전쟁은 국지전이 아니라 전면전이 될 것으로 예상하였고 주된 전장은 아시아가 아닌 유럽이라고 판단하였다. 4부 정책조정위원회(국무부, 육군부, 해군부, 공군부)도 극동지역에 만일 적대행위가 발생한다면 한국에 주둔하고 있는 미군 병력은 오히려 군사적 부담만이 될 것이라고 판단하였다. 실질적인 차원에서 보강하지 않으면 지탱조차 어렵다고 보았기 때문이다. 아울러 동 위원회는 장차 아시아에서 벌어질 어떠한 형태의 지상전도 한반도를 우회할 것으로 전망하였다.[17)]

미국의 이러한 견해는 한반도에 배치된 미군을 철수하는 NSC-8의 작성으로 종합되었다. 1948년 4월 2일 국가안보회의에 제출된 「한국에 관한 미국의 입장」이라는 제목의 보고서에서 미국 정부는 1948년 12월 31일까지 미군이 철수할 것과 이에 따른 보완책으로 남한에 수립될 정부에 대한 지원을 규정하였다. 이 지원은 한국이 안전을 스스로 확보할 수 있도록 한국군의 훈련 및 무장을 위한 조치와 한국 경제의 붕괴를 막을 수 있는 적절한 경제 원조를 포함하고 있었다. 이 보고서는 4월 8일부로 트루먼 대통령의 최종 승인을 받았다.

NSC-8은 1949년 3월 22일 작성된 NSC-8/2로 대체되었다. 이 보고서는 NSC-8이 규정한 미군의 철수 일자를 1949년 6월 30일로 수정하였다. 이는 한국에서 발생한 제주 4·3사건과 이를 진압하기 위해 출동하기로 되어 있던 여수 주둔 국군 제14연대의 공산주의자들이 반란을 일으킨 10·19 사건(여순 반란사건)에 따라 한국의 정국이 불안정해진 것에 따른 조치였다. 당시 한국 의회와 정부는 미군

---

16) United states Department of State, *Foreign relations of the United States* (이후 *FRUS*로 표기) *1947, Vol. I* (Washington, DC: Government Printing Office, 1973), pp. 736-738.

17) State-Army-Navy-Air Force Coordinating Subcommittee for the Far East, SANACC 176/39(1948.3), p. 294.

의 철수를 늦추어주도록 요청하였고 미 국무부 역시 육군부에 정식으로 철수의 지연을 요구하였다. 아울러 NSC-8/2에서는 한국군의 총 병력 규모를 육군 65,000명, 경찰 35,000명, 해안경비대 4,000명으로 규정하였고 독립된 공군과 해군을 보유하지 못하도록 제한하였다.[18] NSC-8/2에 따라 1949년 1월 15일 미 제24군단이 해체되고 7,500명으로 구성된 1개 연대전투단과 임시군사고문단(PMAG)이 잔류하다가 7월 1일부터는 임시군사고문단이 주한군사고문단(KMAG)으로 전환되어 유일한 미군으로 한국에 남게 되었다.

미국은 세계적인 차원에서는 소련에 대한 봉쇄정책을 강화하였다. 1948년 11월 24일 미국 정부는 NSC-20/4를 승인하며 소련의 위협을 새로이 규정하고 전반적인 대응 방향을 결정하였다. 이 보고서는 소련이 프롤레타리아트 혁명을 전 세계적으로 추구하며 정치적 선전으로 미국에 위협을 야기할 것이라고 전망하였다. 다만 소련은 주로 전복과 침투를 활용할 것이고 당분간 전면적인 무력 도발은 하지 않을 것으로 전망했으며 잘못된 계산에 의한 도전을 할 수 있다고 보았다. 이에 대해 보고서는 미국이 소련의 힘을 약화시킬 대책들과, 러시아 내부에서 현재의 팽창주의적인 정책을 바꿀 수 있는 분위기를 형성할 대책을 강구하도록 제안하였다. 아울러 미국은 군사 대비 태세를 향상하며 내부적인 치안을 개선하고 전쟁에 대비하여 경제적 잠재력을 증강시켜야 한다고 제시하였다.[19]

NSC-20/4의 분석은 소련의 위협을 케난이 제시하였던 러시아의 역사적 경험에 의한 적대적인 대외정책 기조를 배제하고 이념을 바탕으로 한 팽창주의적인 성향으로 제시하였다. 소련이 서방 세계에 위협을 가하는 방식 역시 케난은 정치적 선전에 의한 심리적 방법으로 주로 인식하였던 것과 달리 NSC-20/4는 공산주의 혁명을 수출하는 방식을 강조하였다. 냉전이 진행되면서 미국의 소련에 대한 인식이 더욱 부정적으로 바뀌었음을 보여주는 대목이다. 결과적으로

---

18) *FRUS 1949, Vol. VII, Part 2*, pp. 969-978.
19) *FRUS 1948, Vol. I, Part 2*, pp. 662-669.

소련의 위협에 대한 처방도 보다 직접적이고 군사적인 방향으로 전환되었다. 케난이 유럽의 산업 중심들을 부흥시키고 이들 지역에 속한 주민들이 자신감을 갖게 하는 것을 해법으로 제시한 반면, NSC-20/4는 미국의 국력과 군사력을 정비하는 것을 요구하였다.

미·소의 대결은 1949년 중반 이후 중요한 계기를 맞게 되었다. 소련이 1949년 8월 29일 원자폭탄 실험에 성공하였으며 중국 공산당이 1949년 중국을 장악하고 10월 1일 건국을 선포하였다. 이에 따라 트루먼 대통령은 1950년 1월 30일 수소폭탄 개발을 승인하였고 외교정책과 국방정책 전반에 걸친 재검토를 지시하였다. 이 결과 냉전을 상징하는 중요한 문서인 NSC-68이 등장하여 1950년 4월 7일 트루먼에게 보고되었다. NSC-68은 기본적인 소련의 위협은 NSC-20/4와 크게 변하지 않았으나 훨씬 상황이 심각하다고 평가하였으며 특별히 소련이 먼저 열핵무기(thermonuclear)를 개발할 가능성에 주목하였다. NSC-68은 전반적으로 NSC-20/4와 유사한 대응 방안을 제시하되 신속하게 정치적, 경제적, 그리고 군사적 역량을 건설하여야 한다고 강조하였다.[20]

NSC-68은 미국의 안보를 위협하는 가장 큰 요소로 소련의 호전성과 가공할 만한 힘을 적시하며 이에 대응하기 위한 적합한 정책수단을 강구할 것을 강조하였다. 이 보고서는 획기적인 군비의 증강이 필요함을 지적했다. 아울러 대외적인 군사원조와 경제원조를 늘려 소련에 대한 정치 및 심리전을 강화하고 정보활동을 증대해야 한다고 하였다. NSC-68은 핵심 지역만이 아닌 주변 지역을 대상으로 봉쇄와 롤백을 확대시켰고 이를 수행하기 위한 수단을 강화시킬 것을 요구하였던 것이다. 그러나 이 문서는 6·25전쟁이 발발하기 이전까지는 승인되지 못하였고 1950년 12월 4일 NSC-68/4로 승인되었다.

NSC-68은 소련의 확장에 대한 미 정부 각료들의 적극적인 대응 태도가 반영된 문서로서 중요한 의미를 지니고 있다. 비록 막대한

---

20) *FRUS 1950, Vol. I*, pp. 234-292.

재정적 부담으로 인하여 작성 후 바로 승인되지 않고 6·25전쟁이 발발한 뒤에야 승인되었지만, 이 시기 미국의 유화적인 행동이 초래할 결과에 대한 미국의 주요 정책 결정자들의 염려와 소련의 도전에 대하여 단호한 대처가 필요하다는 인식이 투영된 문서이다. 이러한 적극적인 개입의 맥락 가운데 미국 정부는 전 세계적인 차원의 대소련 군사정책을 추진하기 시작한 것이다.

냉전의 기본적인 작동 원리는 두려움이었다. 미국과 소련은 어느 일방이 지배적인 입지를 차지하는 것을 경계하였다. 유럽에서는 항복한 독일이 재건되어 특정한 세력과 결합하는 것이 최악의 사태로 이해되었다. 어느 특정한 일방이 지배적이 된다는 것은 힘의 균형이 무너진다는 것을 의미하였으며 이는 자연스럽게 대 전쟁이 발생할 수 있는 여건과 동일시되었다. 전후 인류는 제2차 세계대전과 같은 전쟁이 다시 출현하지 않도록 하는 일에 최대한의 관심을 기울였다. 냉전은 세계대전의 참화에 대한 두려움이 그 기조를 이루고 있던 것이다.

냉전에는 또 한 가지의 숨겨진 장치가 작동하고 있었다. 세계대전의 발발과 연관하여 서방 국가들은 도전 국가에게 유화정책을 취하는 것이 심각한 위험을 초래하는 것을 목격하였다. 서구 진영의 지도자들은 기존 질서에 대한 도전이 발생할 경우 뮌헨에서와 같이 양보하지 말아야 더 큰 전쟁을 막을 수 있고 궁극적으로 세계 평화를 유지할 수 있다고 믿게 되었다. 심각한 전쟁의 피해를 겪고 난 인류가 지니게 된 자기 보호를 위한 지혜였던 셈이다.

기존의 질서에 대한 도전은 필연적으로 냉전의 주변 지역에서 발생하게 되어 있었다. 대전쟁의 참화를 기억하는 주요 국가들은 섣불리 전쟁을 시작할 수 없었다. 냉전이 주로 중심부 국가들을 대상으로 한 정책적 경쟁을 포함하고 있다는 측면에서 세계적 차원의 전쟁이 중심부에서 발생할 가능성은 더욱 낮을 수밖에 없었다. 결과적으로 냉전으로 인해 고조된 양 진영 간의 긴장은 주변 지역에서의 충돌로 나타날 수밖에 없었던 것이다. 긴장이 전쟁으로 바뀌기 위해서 필요했던 것은 중심부와 동일하거나 아니면 그보다 높은 수준의 치열한 갈등을 지니고 있던 지역과 몇몇 야심가들이었다.

제2장 | 6·25전쟁 개전과 한국의 전쟁수행

1. 개전
2. 6·25전쟁 이전 한국의 안보정책
3. 전쟁 이전 한국의 국방정책
4. 한국 정부의 초기 대응
5. 한국군의 초기 군사전략
6. 한국의 전쟁수행 전략

제2장 | 6·25전쟁 개전과 한국의 전쟁수행

1. 개전

1950년 6월 25일 일요일, 북한은 새벽 4시에 300km에 달하는 38도선에서 전면적으로 남침을 개시하였다. 북한군은 한국군 제17연대가 방어하고 있던 옹진반도로부터 시작하여 개성, 동두천, 포천, 춘천, 동해안 일대에 포병에 의한 공격준비사격을 실시하고 전선을 넘어 쇄도하기 시작하였다. 북한군은 소련제 T-34 전차를 비롯한 소련식 장비로 무장하고 소련식 군사 교리로 훈련되었으며 그 가운데 일부 부대는 중국에서 국공내전을 치르며 전장에 단련된 인원들로 편성되어 있었다. 북한군은 적절한 대전차 방어 무기를 갖추지 못해 육탄으로 저항하는 한국군 진지를 유린하였으며 오전 10시경에는 소련제 야크전투기 네 대로 구성된 북한의 공군기들이 김포와 여의도를 정찰하였다. 그리고 김일성은 개전 후 7시간이나 지나서 11시경 평양방송을 통해 "북한 인민군이 자위조치로써 반격을 가하여 정의의 전쟁을 시작하였다"며 거짓된 내용으로 선전포고를 하였다.[21]

불의의 공격을 당한 대한민국은 기습으로 빚어진 혼란 가운데 전쟁 상황을 파악하고, 관련자들을 소집하며, 출타 중인 병사들을 소집하여 전쟁을 치러야 했다. 북한의 기습 남침 소식은 육군본부 상황실 당직계통을 통하여 군의 주요 보직자들에게 먼저 전파되었다. 6월 24일 용산에 있던 장교 클럽 개원 행사에 참석하였다가 밤늦게

21) 국방부 군사편찬연구소, 『6·25전쟁사 2: 북한의 전면남침과 초기 방어전투』 (서울: 국방부 군사편찬연구소, 2005), p. 57.

귀가한 채병덕 총참모장은 육군본부 상황실로부터 연락을 받고 새벽 5시경 전군에 비상을 발령하고 각 국장들을 소집하도록 지시하였다. 그의 지시에 따라 6시 어간 전군에 비상을 알리는 최초의 작전명령이 하달되었다. 특별히 당시 많은 장병들이 오랫동안 지속되었던 비상대기 태세에서 해제되어 출타 중이었기 때문에 이들을 소집하기 위하여 전화, 전령, 방송은 물론, 정훈국 소속 지프를 활용한 거리 방송 등 모든 방법이 동원되었다.

채병덕 총참모장은 신성모 국방장관에게 상황을 보고하기 위하여 공관으로 전화를 걸었으나 통화가 여의치 않았다. 영국에서의 오랜 생활 습관 때문에 일요일에는 전화를 받지 않는다는 신동우 장관 비서실장의 응답에 채 장군은 신 중령과 당시 채 총참모장을 찾아온 강문봉 대령을 대동하여 장관 공관을 찾았다. 신성모 장관은 북한으로부터 대규모 남침 보고를 받자 당황하였다. 채 총참모장은 육군본부로 복귀하여 작전참모부장인 김백일 대령과 협의하여 후방지역에 배치되었던 3개 사단(2사단: 대전, 3사단: 대구, 5사단: 광주)의 출동을 지시하고 이종찬 대령이 지휘하던 수도경비사령부 예하 제3 및 제18 연대와 육본 예비인 독립 기갑연대에 출동 대기명령을 하달하였다.

채병덕 총참모장은 후방사단과 수경사 소속 부대에 대한 조치를 마친 후 수색에 자리 잡고 있던 제1사단을 불시에 방문하여 제11연대가 출동하는 장면을 지켜보았다. 이어서 그는 오전 10시경 의정부에 있는 제7사단 사령부를 방문하였다. 채 총참모장이 7사단을 방문한 시점에 북한군은 포천 방면의 9연대 진지를 돌파하였다. 그가 현장에서 할 수 있었던 조치는 "육박공격으로 적 전차를 저지하라"는 명령과 병력을 증원해 주겠다는 약속이 전부였다. 채 장군이 떠난 후 한 시간 뒤 북한군은 포천을 점령하였다.[22)]

22) 같은 책, p. 317.

2. 6·25전쟁 이전 한국의 안보정책

전쟁 전 한국 정부는 북한보다 군사력이 열세한 현실을 잘 인식하고 안전보장을 위하여 미국과의 군사 협력을 추구하였다. 정부수립과 동시에 한국 정부는 「대한민국 대통령과 주한미군사령관간에 체결된 과도기에 시행될 잠정적 군사안전에 관한 행정협정」을 체결하여 주한미군이 철수할 때까지는 미군 사령관이 계속해서 국군을 조직, 훈련, 무장시키도록 하였다.[23] 아울러 미군이 완전히 철수하기까지 한국 정부는 미국 정부와 상호방위협정을 체결하거나 방위보장 선언을 받고자 하였다.[24] 그러나 이는 한국의 군사적 가치를 낮게 평가한 미국 정부의 거절로 성사되지 못하였다.

미국으로부터 적극적인 안보 보장을 받는 데 실패한 한국 정부는 유럽에서 형성된 북대서양조약기구(North Atlantic Treaty Organization, NATO)를 본떠서 아시아 태평양 지역 자유주의 국가들을 주축으로 한 태평양동맹의 결성 추진에 동참하였다. 태평양동맹은 공산주의 국가의 침략에 대비하기 위한 집단안전보장 기구의 성격을 지니고 있었지만, 결정적으로 가장 실질적인 역할을 할 수 있는 미국이 냉담한 반응을 보이고 있었다. 한국 정부는 타이완으로 쫓겨간 국민당 정부 및 필리핀 정부와 함께 태평양동맹의 가장 강력한 주창자가 되었다. 1949년 7월 이승만 대통령, 장제스(蔣介石) 총통, 그리고 키리노(Elpidio Quirino) 대통령은 마닐라, 진해, 및 바기오(Baguio)에서 일련의 양자 회담을 실시하며 태평양동맹 결성을 위한 방안들을 논의하였다.[25] 그러나 이 역시 미국의 무관심과 미국 정부의 「중국백서」 공표 이후 태평양동맹 결성에 소극적으로 돌변한 키리노 등 서로 간의 견해 차이로 말미암아 무위로 끝나고 말았다.[26]

---

23) 국방부 전사편찬위원회, 『국방조약 제1집: 1945-1980』 (서울: 국방부 전사편찬위원회, 1981), pp. 34-39.
24) 이호재, 『한국외교정책의 이상과 현실』 (서울: 법문사, 1969), pp. 372-373.
25) 같은 책, p. 386.
26) 같은 책, pp. 385-394.

미국을 한반도 방위에 끌어들이려는 이승만은 미군에게 군사기지를 제공하겠다는 제안을 하였다. 이승만은 미국의 군사기지가 국내에 존재하게 될 경우 북한이 쉽게 남침할 수 없을 것으로 판단하여 진해를 미군의 군항으로 제안한 것이다. 이승만은 그의 친구이자 정치고문인 윌리엄스(J. J. Williams)를 통해 미 해군 참모총장인 덴펠드(L. E. Denfeld) 제독에게 미국이 진해를 해군기지로 사용할 수 있으며 이는 제2차 세계대전 당시 노르망디의 교두보처럼 아시아에서 장차 많은 미군의 인명을 구원할 수 있는 곳이라고 호소하였다.[27] 덴펠드 제독이 이에 대해 특별한 반응을 보이지 않자 이승만은 손원일 제독, 장면 대사, 그리고 당시 미국에 특사로 체재하던 조병옥 박사 등에게 적극적으로 이를 추진하도록 하였다. 손원일의 경우 미 태평양함대 총사령관인 레드포드(A. W. Radford) 제독에게 편지를 보내어 한국은 진해를 비롯하여 인천, 부산, 여수, 묵호 등의 항구를 미국의 임시 기동기지로 제공할 의향이 있음을 전달하기도 하였다.[28] 결국 한국 정부의 이러한 시도 역시 미국의 무관심으로 별 열매를 맺지 못하였다.

미국은 근본적으로 한반도의 전략적 가치를 낮게 평가하였다. 미 합참은 "미국이 한반도에 군대와 기지를 유지하는 것은 군의 안전과 전략 면에서 가치가 없다"고 판단하였고 "극동지역에서 적대 행위가 발생할 경우 현재 한국에 주둔하고 있는 미군은 오히려 미국에 군사적 부담이 될 것이며, 장차 미국이 아시아 대륙에서 수행하게 될 어떠한 지상 작전도 한반도를 우회하게 될 것"이라고 평가하였다.[29]

한국 정부는 미국의 군사적 지원을 기대할 수 없게 되자 자체적인 군사력 강화에 주력하게 되었다. 그 당시 가장 시급하였던 무기와 장비의 획득을 위하여 한국 정부는 1950년 1월 26일 미국 정부

27) 같은 책, pp. 376-378.
28) 같은 책, p. 379.
29) 국방부 군사편찬연구소, 『6·25전쟁사 1: 전쟁의 배경과 원인』 (서울: 국방부 군사편찬연구소, 2004), pp. 115-116.

와 「대한민국 정부 및 미합중국 정부 간의 상호방위원조협정」을 체결하였다. 이 협정은 미국이 1949년 제정한 「상호방위원조법」에 따라 한국에 군사원조를 제공하기 위한 원칙들을 규정하기 위하여 체결되었다. 그러나 이 협정에 의한 원조는 전쟁 전 한국군 전력 증강에 큰 기여를 하지 못하였다. 1950년도 3월 9일 확정된 대한 군사원조 금액이 1,097만 달러에 불과하였으며 대부분이 탄약이었고 나머지가 해군 함정의 수리부품, 통신 기자재 등이었다.30)

한국 정부가 미 군정으로부터 충분한 군사력을 인수하였다면 북한의 군사력 우세에 대하여 부담을 덜 가졌을 것이다. 한국 정부는 충분하지 못한 군사력으로 출발하였다. 1948년 미 군정이 종식되고 정부가 수립되면서 국방경비대가 국군으로 편입될 당시 육군은 장교 1,430명 사병 49,087명으로 총 50,490명이었다. 한국군은 전쟁 전까지 겨우 명목상 8개 사단을 보유하게 되었다. 제17연대가 옹진반도 방어를 전담한 상태에서, 개성·문산 지역에 제1사단, 동두천·포천 지역에 제7사단, 인제·춘천에 제6사단, 동해안에 제8사단이 38도선 방어를 담당하였다. 후방에는 서울에 수도경비사단, 대전에 제2사단, 대구에 제3사단, 그리고 광주에 제5사단이 배치되어 있었다.

3. 전쟁 이전 한국의 국방정책

전쟁 전 군사적인 측면에서 한국 정부가 그나마 독자적으로 추진할 수 있었던 것이 병력 증강이었다. 한국 정부는 1949년 8월 6일 병역법을 공포하여 국민개병제를 바탕으로 한 의무병제를 시행하여 군대의 정원을 확보하려고 하였다. 이 병역법은 병역을 상비병역, 호국병역, 후비병역, 보충병역, 그리고 국민병역의 총 5개종으로 구분하였다. 상비병역과 호국병역은 육군이 2년 해군이 3년을 복무하도록

30) 국방군사연구소, 『국방정책 변천사(1945-1994)』 (서울: 국방군사연구소, 1995), p. 54.

강제하고 있으며, 이를 마친 개인은 육군 6년 해군 5년의 예비병역을 거쳐 육해군 각 10년의 후비병역을 치르고 제1국민역에 편입되어 40세까지 복무하는 제도이다. 기본적으로 전체 병역의 대상자는 17세부터 병역의 의무가 시작되도록 하였고 20세부터 징집이 시작되며 40세에 병역을 마치도록 되었다.31) 이 병역법을 통해 한국 정부는 1949년 1월 20일 대통령령 제52호인 「병역임시조치령」으로 편성하여 운용하여 오던 예비군 조직인 호국군을 폐지하였다.32)

병역법은 공교롭게도 6·25전쟁 이전에 유명무실해지고 말았다. 한국 정부는 병역법을 시행하기 위한 「병역법 시행령」을 대통령령으로 1950년 2월 1일 공포하고 국방부 군무국과 육군본부의 병무국, 각 시·도의 병사구사령부에서 병역업무를 담당하게 하였다. 이 결과 1950년 1월 6일부터 10일 간 최초로 전국적으로 징병검사가 시행되었으며 약 2,000명이 입대하기도 하였다.33) 그러나 이 병역법은 1949년 7월에 이미 국군의 인력이 정원인 10만 명 선에 도달하였기 때문에 더 이상 대규모 징집이 필요 없게 되어 1950년 3월부터 징병제의 시행을 유보하게 되었으며 3월 14일부로 제도의 시행을 담당하던 육군본부 병무국과 각 지역의 병사구사령부가 해체되었다.34)

한국군이 쉽게 정원에 도달할 수 있었던 것은 한국 정부가 선정한 정원 규모가 미국의 지원 가용 범위에 맞추어져 있었기 때문이다. 미군이 1949년 3월에 한국 육군의 정원을 1948년 5만 명 수준에서 6만 5천 명으로 조정하고, 경찰을 4만 5천 명, 해안경비대는 4천 명으로 규정하자35) 한국 정부는 정규군 10만과 예비군 5만, 경

31) 박일송, "국군의 충원과 교육훈련," 『한국전쟁사의 새로운 연구 2』 (서울: 국방부 군사편찬연구소, 2002), pp. 19-20.

32) 같은 논문, p. 17. 호국군은 2년을 복무하며 자택에 거주하면서 소집에 의해 계획된 군사훈련을 받았다. 호국군 장교는 5년 부사관은 3년을 복무하도록 하였다. 호국군에는 100단위 부대번호가 부여되었으며(101-106 여단, 115, 116, 120, 121, 122 연대, 개성에 독립 101대대) 10만 명을 확보하기로 하였으나 해체 시 까지 약 5만 명 규모를 유지하였다.

33) 병무청, 『병무행정사, 상』 (서울: 병무청, 1985), pp. 261-264.

34) 박일송(2002), p. 21.

35) *FRUS 1949, Vol. VII, Part 2*, pp. 969-978.

찰 5만, 보충병 20만 총 40만 명이 필요한 것으로 판단하고 이 가운데 일단 정규군 10만 명을 확보하고자 이를 미국 정부에 요청하였던 것이다. 결국 한국 정부는 전쟁 발발 직전에 육군 94,974명, 해군 7,715명, 해병대 7,715명 해병대 1,166명, 공군 1,897명 등 총 10만 5,752명을 확보하는 수준에서 만족해야 했다.[36]

병역법은 유명무실해졌으나 한국 정부는 향후 전쟁수행에 중요한 영향을 미치는 민병조직 창설을 시도하였다. 이승만은 1948년 5월 정치적 경쟁자인 이범석의 민족청년단과 이청천의 대동청년단 등 청년단체들을 해산시키고 대한청년단을 창설한 바 있다. 한국 정부는 1949년 11월 대한청년단을 청년방위대로 재창설하여 이듬해 4월 말까지 전국적인 조직으로 확장하였다. 이들은 초창기 전투에서 중요한 역할을 하지는 못하였으나 많은 수가 국군의 보충자원으로 충원될 수 있었다.[37]

아울러 한국 정부는 군사력 실태를 개선하고자 미국에 군사원조를 요청하였다. 1948년 10월 5일 조병옥 대사가 대통령 특사로 파견되어 트루먼에게 군사원조와 아울러 경제원조를 요청하였다. 또한 그는 장면 대사와 함께 미 국무부를 대상으로 하여 군사원조와 방위보장 선언, 태평양 동맹 체결 등을 요구하였다.[38] 이에 대해 애치슨 장관은 미군이 완전히 철수할 때 모든 무기와 장비를 완전히 넘겨줄 것을 약속하고 더 이상의 원조와 협력을 거절하였다. 그러나 미군은 실제 철수할 때 보병 소화기와 105밀리 포 52문만을 양도해 주었다.[39]

미군이 철수한 직후 한국 정부는 다시 임박한 남침 위협을 강조하며 미국의 군사원조를 요청하였다. 이에 대한 요청이 받아들여져 미 의회에서 상호방위원조법(Mutual Defense Assistance Act)를 제정하고 한국을 대상국으로 지정하였다. 한편 미 정부는 해당 연도

36) 국방군사연구소, 『한국전쟁, 상』 (서울: 국방군사연구소, 1995), p. 59.
37) 박일송(2002), p. 22.
38) 한용원, 『남북한의 창군』 (서울: 오름, 2008), pp. 228-229.
39) 같은 책, pp. 228-229.

예산 13억 1,400만 달러 중 1,020만 달러를 한국에 할당하였다. 그런데 이 예산의 90%는 탄약 및 병기 부품 공급과 장비에 할당되었다. 그 나머지 10%는 공병 및 통신장비 부품, 화약 및 뇌관과 경정비 부품 구입에 배정되었다.[40] 심지어 미국은 한국의 새로 창설된 공군이[41] F-51을 구매하는 것을 거부하여 할 수 없이 캐나다에서 AT-6 훈련기 10대를 도입하게 되었다.

한국군의 실질적인 전쟁 준비 계획은 당시 해·공군이 열세하던 국군의 현실을 반영하여 육군본부 주도의 지상군 작전 위주로 마련되었다. 육군본부는 전쟁이 발발하기 3개월 전인 1950년 3월 25일 방어 계획을 수립하여 「작전명령 제38호」로 하달하였다. 각 사단은 3월 말까지 이 계획을 수령하였고 5월초까지 사단 작전 계획을 수립하였다. 각 사단은 대부분 병력 배치를 위주로 하는 기동 계획수립을 마친 상태였고 화력 계획, 역습 계획, 장벽 계획, 및 지원 계획 등은 작성하는 과정 중에 있었다.[42]

한국군의 훈련 상태는 지극히 불량하였다. 1950년 1월에 북한의 남침 위협이 고조되자 육군본부는 교육각서 1호를 하달하여 3월 말까지 분대 전술부터 대대 전술까지 훈련을 완성하도록 하였으나 전방사단은 경계임무로, 후방사단은 공비토벌로 인해 필요한 훈련을 할 수 없었다. 이에 육군본부는 다시 3월 14일 교육각서 2호를 하달하여 6월 1일까지 대대훈련을 마치도록 하였으나 수도경비사 일부 연대와 전방 사단의 1, 2개 연대 정보만이 목표에 도달하였고, 대부분 중대 훈련의 50% 정도만이 완성되었다.[43]

40) 같은 책, pp. 229-230.
41) 1949년 10월 1일 육군에서 독립하였다.
42) 국방부 군사편찬연구소(2004), pp. 641-642.
43) 온창일, 『한민족 전쟁사』 (서울: 집문당, 2000), p. 492.

4. 한국 정부의 초기 대응

남침을 당한 한국 정부의 전쟁 목적은 필연적으로 북한군의 남침을 저지하는 것이었다. 이를 위해서 자력으로든 아니면 미군을 비롯한 외국군의 원조를 받아서든 군사작전을 통해서 북한군을 격퇴하여야 하는 한편 국제사회를 통하여 북한에 외교적 압력을 가하여 스스로 물러나도록 하는 방안을 강구하여야 했다. 그리고 북한군의 기습적인 침략을 받아 혼란에 빠진 사회를 안정시키고 피난민들을 수용하여야 하는 긴급한 필요가 있었다.

한국 정부는 전쟁 목적에 부합하는 구체적인 정책을 수립하지 못하고 개전 이후 3일간의 중요한 시간을 허비하였다. 그 동안 대통령은 주한 미국 대사를 만났고 동경의 미 극동 사령관인 맥아더(Douglas MacArthur) 장군과 통화하였으며 워싱턴에 있는 주미 한국 대사인 장면에게 수차례 훈령을 하달하였다. 이 시기 동안 세 번의 임시 국무회의가 열렸고 본회의를 포함한 두 번의 국회 회의가 개최되었다. 그럼에도 불구하고 한국 정부는 전쟁수행 방향을 명확하게 결정하지 못하고 상황에 피동적으로 끌려갔다. 다만 정부 일각에서 요행스럽게도 일부 기능을 발휘하여 초전의 혼란을 그나마 완화할 수 있었다.

1950년 6월 25일 새벽 육군의 전선부대에서 도달한 북한군의 기습 소식은 육군 총참모장인 채병덕 총참모장을 거쳐 신성모 국방부 장관에게 아침 7시경 보고되었다. 군의 통수권자인 이승만 대통령에게는 세 시간 뒤인 10시경 경무대 경찰서장인 김장흥 총경이 선생 발발 보고를 하였다.[44] 육군본부 상황실의 전쟁보고에 놀란 채병덕 총참모장이 상황장교인 김종필 중위를 자택으로 불러 상황을 청취하고 전군에 비상을 발령한 시간이 새벽 5시이었으므로[45] 대통령에

44) 국방부 군사편찬연구소(2005), p. 71. 이승만 대통령은 탱크의 출현에 주목하였고 이를 쉽사리 막을 수 없다고 판단하였다. Francesca Donner Rhee, 조혜자 역 『6·25와 이승만』 (서울: 기파랑, 2010), p. 22.

게는 비상 발령으로부터 약 5시간 후에 전쟁이 보고되었고 그나마도 경찰 계통을 통해서 보고되었다.

전쟁이 발발한 다음 처음으로 행해진 한국 정부의 중요한 조치는 임시 국무회의의 소집이었다. 이승만 대통령은 이날 창덕궁 후원 연못에서 평소 휴일에 즐기던 낚시를 마치고 경무대 관저로 돌아갔다가 마침 경무대에 도착한 신성모 장관으로부터 이미 개성이 함락되고 탱크를 동반한 북한군이 춘천 근교까지 도착하였다는 보고를 받은 후 곧 임시 국무회의의 소집을 지시하였다.[46]

첫 임시 국무회의에서는 그다지 중요한 결정이 내려지지 못하고 산회되었다. 국무총리 서리를 겸하고 있던 신성모의 주재 아래 열린 회의에서 당시까지의 첩보를 기준으로 하여 볼 때 전황이 전면적인 전쟁인지 아니면 국지적인 분쟁에 불과한지 불명하였기 때문이다. 이에 따라 전선에 나간 채 총참모장이 복귀할 때까지 회의를 산회한 것이다.[47] 당시 채 장군은 미 군사고문관 하우스먼(James W. Hausman) 대위를 동반하여 수색에 위치한 제1사단 사령부를 방문하여 전방 상황을 파악하고 예비 연대인 제11연대의 출동 상황을 점검하였고, 이어서 의정부의 제7사단 사령부를 방문하여 사단장인 유재흥 준장으로부터 상황보고를 받고 있었다.[48] 이 시기에 비로소 채병덕 총참모장은 북한의 공격을 의정부 방향을 주공으로 한 전면 남침으로 판단한 것으로 보인다.[49]

이승만 대통령은 임시 국무회의가 산회한 지 얼마 지나지 않은 11시 35분경 무초(John J. Muccio) 주한 미국 대사의 예방을 받았다.

45) 국방부 군사편찬연구소, 『6·26전쟁과 채병덕 장군』 (서울: 국방부 군사편찬연구소, 2002), p. 199.

46) 국방부 전사편찬위원회, 『한국전쟁사제1권-북괴남침과 서전기』 (서울: 국방부 전사편찬위원회, 1977), pp. 610-611.

47) 같은 책, pp. 610-611.

48) 국방부 군사편찬연구소(2002), pp. 204-205.

49) 같은 책, pp. 204-205. 이후 그는 이전과는 다른 중요한 조치들을 취하였다. 참모학교 및 보병학교 고급반에 입교한 학생들을 모두 원대 복귀시켰고 제7사단에 대한 증원을 지시하였으며 서울에 주둔하고 있던 3연대를 의정부로 긴급히 이동시켰다.

이 자리에서 이승만 대통령은 전쟁의 목적과 연관하여 중요한 언급을 하였다. 그는 한국이 두 번째 사라예보와 같은 역할을 하지 않도록 노력해 왔다고 했다. 그러나 이 전쟁이 한국의 문제를 단번에 해결할 수 있는 최상의 기회라고 언급하였다. 또한 실질적으로 더 많은 무기를 달라고 요구했고, 이 대통령은 서울에 계엄령을 선포하겠다고 하였으며 어린아이들과 부녀들까지 돌이나 몽둥이를 들고서라도 싸우도록 촉구할 방침이라고 하였다. 그는 이어서 충분한 무기와 탄약이 있는 것이 알려지면 국민들의 사기가 올라갈 것이라고 하였다.[50]

이 대통령은 북한의 남침이 전면전인지 아닌지 판명되지 않은 상황 가운데 전쟁이 지니고 있는 본질을 이해하였다. 그는 전쟁으로 인해 한국의 문제가 국제사회의 문제로 바뀔 가능성을 보았고 그렇다면 그 가능성에 기대어 분단 문제를 해결할 수 있을 것으로 희망하였다. 그가 한국의 문제를 단번에 해결할 수 있는 최상의 기회라고 언급한 것을 볼 때 그는 미국이 전쟁에 개입해 올 것을 내다보았으며, 이를 활용하여 현상을 회복할 뿐만 아니라 통일을 달성할 수 있다고 판단한 것이다.[51] 김일성은 1949년 미군의 철수와 1950년 초 애치슨 선언을 통해 전쟁의 기회를 포착하였음에 반해, 이승만 대통령은 전쟁의 발발 이후 세계적인 변화의 가능성 속에서 국가적 숙원을 해결할 수 있는 수를 읽었던 것이다.

전선에서 돌아온 채 총참모장이 잠석한 상내에서 당일 오후 2시부터 이승만 대통령의 주재로 국무회의가 재개되었다. 이 자리에서 채징군은 "38도선 전역에 걸쳐 4만에서 5만 명의 북한군이 94대의 전차를 앞세우고 남침을 개시하였으나 각 지구의 국군은 대전차포로 적전차를 격퇴하면서 적절하게 작전을 전개 중이다. 이러한 북괴의 침공은 그간에 그들이 벌여온 위장 평화 공세가 별다른 반응이 없으므로 긴급하게 자행한 그들의 상투적인 수단으로 보며 후방사단을

50) *FRUS 1950, Vol. VII*, pp. 129-131.
51) 박명림, 『한국 1950 전쟁과 평화』 (서울: 나남출판, 2003), pp. 144-146.

진출시켜 반격을 감행하면 능히 격퇴할 수 있을 것으로 본다"고 보고하였다.[52] 이 보고는 분명히 사태를 축소한 보고였다. 전면전이었다면 북한군의 전력이 모두 투입된 것으로 계산하여 보고하여야 함에도 불구하고 그는 일부 식별된 전선에서의 북한군 전력만을 보고하였던 것이다.[53] 그리고 무엇보다 채 장군은 본인이 파악한 전선의 상황을 그대로 전하지 않았다. 또한 실제로 당시 한국군의 대전차포로는 북한군의 전차를 막을 수 없었다. 결과적으로 임시 국무회의는 아무런 결정 사항 없이 오후 3시 30분에 산회되고 말았다.[54]

다만 이승만 대통령은 상황의 심각성을 인지하여 두 가지 중요한 법령을 공포하였다. 우선 대통령령 제377호를 공포하여 혼란한 당시 상황에 따라 법률을 관보로 공포하는 것이 제한되므로 앞으로는 신문과 방송으로 공포하도록 하였다. 이어서 대통령 긴급명령 제1호인 「비상사태하의 범죄처벌에 관한 특별 조치령」을 하달하였다.[55] 이 법률은 당시의 상황에서 치안을 유지하기 위하여 발표된 조치로 살인, 방화, 강간을 저지르거나 군사, 교통, 통신, 수도, 전기와사(가스), 관공서 기타 중요시설 및 그에 속한 중요문서 또는 도면의 파괴 및 훼손을 행한 자 등을 사형에 처할 것을 규정한 대단히 강력한 명령으로 반인권적인 요소를 포함하고 있었다.[56]

이승만 대통령은 대내적인 '긴급조치'를 취한 이후 대외적인 조치로 옮겨갔다. 개전 다음날인 26일 새벽 3시에 이승만 대통령은 동경의 맥아더 미 극동 군사령관에게 전화를 걸어 사태의 책임이 미국에 있음을 주장하며 한국을 구할 것을 강력히 요구하였다. 이 대

52) 국방부 전사편찬위원회(1977), p. 611.
53) 당시 육군본부는 북한군의 전력을 거의 정확하게 파악하고 있었다. 전쟁 전 육군본부 정보국이 작성한 보고서에 따르면 북한군은 지상군 10개 사단, 공군 1개 사단, 그리고 해군 2개 사단에 총 병력 182,400명의 병력을 보유하고 있었으며 각종 포 2,613문과 전차 173대를 보유하고 있었다. 국방부 군사편찬연구소(2004), p. 686.
54) 국방부 전사편찬위원회(1977), p. 611.
55) 같은 책, p. 611.
56) 손희두, "한국전쟁 초기의 법령 조치," 『군사』 제59호(2005), pp. 19-21.

통령의 주문에 대해 맥아더 장군은 무스탕 전투기 10대를 비롯한 일부 무기를 지원하겠노라고 약속하였다. 이어서 이승만 대통령은 워싱턴의 장면 대사를 불러 트루먼 대통령에게 긴급한 원조를 요청하라는 지시를 하였다.[57]

워싱턴에 있었던 장면 대사는 본국의 훈령을 접수하며 미국의 원조를 얻기 위해 동분서주하였다. 장면 대사는 현지 시각으로 25일 오후 2시 10분에 국무부를 방문하여 한국 정부의 지원 요청 내용을 전달하고 미국이 이 문제를 유엔에 제기하기 위해서 안보리 소집을 요구하였다는 연락을 받았다. 장면은 부단히 국무부와 국방부를 접촉하여 긴급 지원을 요청하는 한편 미국의 유엔 부대사 그로스(E. A. Gross)와 접촉하여 안보리에서 발언권을 얻기도 하였다.[58]

26일 한국 정부는 특별한 정책 방향 없이 각 부서별로 치안을 유지하고 정국을 안정시키며 피난민을 수용하는 등의 사태 안정 대책을 취하였다. 내무부는 25일 아침 6시 30분부터 전국 경찰에 비상경계령을 하달한 상태였으며 대통령 긴급명령 1호를 집행하기 위한 태세를 정비하였다. 특히 내무부는 6월 26일, 생필품 품귀 현상이 발생하고 사재기가 급증하자 이를 집중적으로 단속하기 시작하였다.[59] 사법부는 개전 당일 북한의 전면남침 사실을 알았으나 특별한 움직임 없이 보냈다. 이어서 다음날인 26일에 대통령이 공포한 긴급명령 제1호에 따라 각급 법원의 일반 민·형사 재판을 무기한 연기하고 긴급명령에 따른 특별 범죄 재판을 위한 준비에 집중하였다.[60]

개전과 동시에 발생한 피난민의 통제는 정부의 가장 긴급한 사안 가운데 한 가지였다. 접경 지역에서 출발한 피난민으로 인해 경수국도는 극도로 혼잡해져 군 수송 작전에 많은 차질이 발생하였다. 정부는 시시각각으로 불어나는 피난민을 제대로 통제하지 못하였고 임시방편적인 조치들만 취할 뿐이었다. 다만 보건부가 서울 시내 모

57) Francesca Donner Rhee, 조혜자 역(2010), p. 24.
58) 국방부 군사편찬연구소(2005), pp. 78-79.
59) 같은 책, p. 81.
60) 같은 책, p. 84.

든 개업의와 간호사들에게 비상대기를 명령하여 대처 인력을 확보하고 피난민 환자들을 지역에 따라 지정 병원에서 수용하여 치료하도록 하였다. 사회부는 서울시에 지시하여 서울대학교 문리대학을 비롯한 인근 초등학교 등 6개소에 피난민 수용소를 설치하여 피난민을 위한 잠자리와 음식을 제공하였다. 아울러 피난민들이 특정한 지역에 집중되지 않고 각 지방으로 분산 남하하도록 지도하였다.61)

교통부는 전쟁 발생 이후 비교적 체계적으로 대응하였다. 전쟁 발발 당일 교통부는 아침 8시 20분에 교전 지역으로 향하는 경원선과 경춘선 열차 운행을 취소하고 국장 회의를 소집하여 비상체제로 전시수송본부를 설치하였다. 수송본부는 군량미 이외의 화물 운행을 정지하고 선로와 역 구내에 대한 자체 경비를 강화하였다. 교통부의 기민한 통제 아래 25일 하루 동안 동원된 차량은 기관차 30량, 객차 300량, 그리고 화차 850량으로 60편의 임시 열차가 운행되었고 다음날에도 기관차 40량, 화차 1,000량이 동원되었다. 그리고 26일 오후부터 서울역과 용산역으로 피난민이 몰려들기 시작하자 소개열차를 운용하였는데 27일까지 총 30편을 운행하였다.62)

금융 분야 역시 전쟁에 비교적 안정적으로 대처하였다. 한국은행은 시민들의 예금 인출 시도가 증가할 것으로 예상하여 25일 오후 4시에 한은간부회의를 열어 이를 준비하게 하였다. 재무부는 인출대란을 막기 위하여 27일 1인당 예금 지출 한계를 1인당 10만 원으로 한정하여 지불토록 하였다. 이 조치는 28일 대통령 긴급명령 제4호「금융기관 예금 등 지불에 관한 특별조치령」제정으로 합법적인 틀을 갖추게 되었다. 아울러 구용서 한은 총재는 27일 생필품 가격이 폭등하자 공무원들에게 2개월분 월급을 추가로 지급하고, 국방 예산을 조기 인출하고 각 군에 영달하여 전쟁수행에 기여하는 한편 한은 보유 금은을 국방부 협조를 얻어 반출하여 국가 재산을 보호하였다.63)

61) 같은 책, pp. 86-87.
62) 같은 책, pp. 88-89.

국회는 전쟁 발발 다음날인 26일 제6차 본회의를 개최하여 비로소 전쟁에 대처하기 위한 논의를 시작하였다. 본회의에서 의원들은 신성모 국방부 장관과 채병덕 총참모장으로부터 정확한 전황보고를 받지 못하였으나 대략 전쟁을 수행하는 국가 정책 목표에 부합하는 사항들을 결정하였다. 전쟁을 지도하는 두 지도자들은 "적이 남침을 개시하였으나 아군은 후방 3개 사단을 투입, 반격을 감행하여 의정부를 탈환하고 적을 그 북쪽으로 격퇴하였으니 조금도 걱정할 필요가 없다. 군의 고충은 명령이 없어서 38도선을 넘어 공세 작전을 취할 수 없는 것이다."라는 전혀 상황과 부합하지 않은 보고를 하였다. 이에 대해 국회의원들은 만일을 대비하여 예산에 구애받음이 없이 군사비를 지출할 것과 유엔과 미국 의회, 미국 대통령에게 메시지를 보내고, 38선 지역에서 전투를 벌이고 있는 군경과 주민들을 격려하기 위해 국회의원으로 구성된 위문단을 구성할 것 등을 결의하였다.[64]

국무회의와 국회의 대응은 전황이 악화되면서 급격하게 달라졌다. 정상적인 국가 정책 결정 대신 실리론과 명분론에 기초한 본인들의 피난을 위한 논의만이 행해진 것이다. 27일 새벽 1시에 열린 비상 국무회의와 비상 국회에서 모두 논의의 중점은 서울에서 철수하느냐 사수하느냐 하는 것이었다. 국무회의에서 이범석은 신성모의 전황 설명을 가로막고 단순히 서울 사수냐, 저항하며 시간을 확보하느냐, 아니면 천도하느냐 하는 실문을 던져 모든 정책 논의들을 철수론으로 몰고 갔다. 국회에서의 논의 역시 크게 다르지 않았다. 결국 국무회의는 철수를 결정하고는 국민들에게 알리지 않았고, 국회는 사수를 결의해 놓고는 그들만 탈출하는 행태를 벌였다.[65] 국가 지도자들의 탈출은 이승만 대통령의 탈출로 인해 촉발된 면도 없지 않았다. 국회의원들의 사수 결의를 전달하러 신익희 의장과 조봉암 부

63) 같은 책, pp. 90-92.
64) 국방부 전사편찬위원회(1977), p. 613.
65) 박명림, 『한국 1950 전쟁과 평화』, pp. 152-157.

의장이 경무대를 방문하였을 때 이 대통령은 이미 서울을 빠져나갔다.[66] 이 대통령은 27일 새벽 3시 30분에 단 6명의 일행으로 황급히 서울을 탈출하여 그날 오후 4시 30분경 대전에 도착하였다. 그는 사실 대구까지 갔다가 되돌아 왔던 것이다.

전쟁 발발 소식은 방송을 통하여 주로 전하여졌다. 중앙방송(KBS)은 25일 아침부터 국방부의 요청에 의해 전황보도를 하고 있었다. 그런데 국민들을 불안하게 하지 않기 위하여 낙관적으로 전황을 보도하고 사실과 다른 보도를 하여 결과적으로 국민들을 혼란에 빠뜨리고 말았다. 특히 27일 저녁 10시부터 11시까지 세 차례에 걸쳐 이승만 대통령이 대전에서 녹음한 "유엔에서 우리를 도와 싸우기로 작정하고 이 침략을 물리치기 위하여 공중수송으로 무기와 물자를 날라와서 우리를 도우니까 국민은 좀 고생이 되더라도 굳게 참고 있으면 적을 물리칠 수 있으니 안심하라"는 방송을 하여 국민들에게 잘못된 정보를 전달하고 많은 시민들이 서울을 탈출할 기회를 잃어버리게 하였다.[67] 이 대통령을 비롯한 국가 수뇌부의 탈출과 그와는 정 반대 방향의 방송은 이후 전쟁수행 동안 정부의 신뢰를 떨어뜨리는 큰 원인이 되었다.

한국 정부가 정책 수립에 실패하였던 근본적인 이유는 전쟁수행체계가 정립되어 있지 않았기 때문이다. 전쟁 지도에 대한 책임이 있는 대통령과 국가 수뇌부가 유기적으로 결속되어 필요한 사항을 적시에 결정하거나 수행할 수 있는 체제가 당시에는 존재하지 않았다. 그러나 그렇다고 하더라도 국가 기능이 정상적으로 작동하고 있던 시점에서조차 전쟁수행을 위한 초기 정책 결정을 하지 못한 것은 아쉽기만 한 부분이다. 아마도 이는 당시에 정확한 정보 제공이 이루어지지 않았기 때문인 것으로 보인다. 25일 아침 첫 임시 국무회의에서 각료들은 전황이 명확하지 않아 회의를 할 수 없었다. 그러나 당일 오후에 속개된 회의에서 각료들은 채병덕 총참모장이 제

66) 국방부 전사편찬위원회(1977), p. 613.
67) 같은 책, p. 613.

공한 잘못된 정보에 의해 유의미한 결정 없이 회의를 마쳤고, 상황이 급박하게 발전한 27일 새벽에야 사태의 심각성을 깨달았지만 철수 여부에만 주목하여 생산적인 회의를 하지 못하였다. 국회의 경우 26일 회의에서는 국회 차원에서 필요한 결정들을 하였다. 그러나 27일 새벽의 비상 국회에서 역시 철수 논쟁만 한 뒤 의미 없는 사수 결론을 내리는 것에 만족하였다.

정확한 정보 특히 주변국 정세를 아우르는 전략 정보의 부재가 정책의 부재를 낳았다. 개전 초 혼란한 상황 가운데 이승만 대통령만이 사태를 이해할 수 있었다. 그러나 이마저 정부 전체의 유기적인 역량이 결집된 건전한 정책으로 이어지지 않았다. 대통령에 의한 몇몇 긴급명령 발령만 이루어졌을 뿐이다. 이러한 측면에서 볼 때 대통령이 전쟁 발발 보고를 받고 탱크의 출현에 주목한 것이나 낙관적이기만 한 군의 보고계통이 아닌 경찰 보고를 통해 초기 보고를 받아 사태의 심각성을 처음부터 파악하였던 것은 흥미로운 일이다.

정책 부재의 배경에는 전전부터 만연된 북진 통일의 허구적인 신념도 한몫을 하였다. 북진통일을 외치던 한국군이 작성한 전쟁 직전의 작전 계획은 순수한 방어 계획이었다. 공개적인 언명과는 대단히 모순된 계획이 아닐 수 없다. 군부는 전전부터 외치던 북진 통일 구호에 스스로 마취된 것처럼 중요한 국가적 의사 결정 순간에 거짓된 전황을 보고하였다. 마치 북한군이 남로당 20만의 봉기를 기다리며 서울에서 사흘을 소비한 것처럼 한국군도 존재하지 않은 요행한 북진 통일의 기대 속에 초전의 중요한 사흘을 낭비하고 말았다.

5. 한국군의 초기 군사전략

6·25전쟁 이전 수립된 작전명령 38호의 방어 계획에 나타난 한국군의 군사전략은 핵심 축선에 대한 중점 방어로 요약할 수 있다. 국군은 인민군의 주공이 철원-의정부-서울을 연하는 축선에 지향될 것

으로 판단하고 의정부 지구에 방어의 중점을 두었다. 우선 국군은 진지 전방에서 적을 화력으로 격멸하여 38도선을 확보하는 것을 방어 개념으로 정하였고 이를 위하여 좌로부터 제1, 7, 6, 그리고 8사단을 주 저항선에 배치하였다. 8사단에는 특별히 동해안에 상륙하는 적을 해군과 긴밀히 협력하여 격멸하는 임무가 부가되었다. 아울러 제17연대에는 옹진지구 방어 임무가 부여되었다. 개전이 되면 임진강 서측의 부대는 지연전을 전개하며 철수하도록 되어 있었다. 이에 따라 옹진의 제17연대는 인천으로, 개성지구의 부대는 지연전을 전개하며 임진강 남안의 방어선으로 철수하도록 계획되었다. 이는 정면을 축소하고 적의 주공 지역에 역량을 집중하기 위한 방책이다.

육군은 후방의 예비 부대를 활용하여 북한의 주공이 지향될 것으로 예상되는 의정부 축선에 방어를 집중하고자 하였다. 이를 위하여 후방에 배치된 부대 가운데 수도경비사령부를 제외한 제2, 3, 그리고 5사단을 육군의 총 예비로서 의정부 축선에 투입할 계획을 수립하였다. 제2사단의 경우 춘천에서 의정부 사이, 제3사단은 의정부에서 문산, 그리고 제5사단은 문산으로부터 의정부 사이 지역으로 증원하도록 계획되었다. 수도경비사령부는 서울 방어를 주로 담당하였지만 필요에 따라 제7사단과 1사단을 지원하도록 되어 있었다. 독립기갑연대는 육군본부 직할 전력으로 지정되었다.

한국군 방어 계획에 나타난 또 다른 중요한 특징은 지형을 이용한 축차적인 지연전을 전개하는 것이었다. 한국군은 38도선에서 적의 침공을 저지하지 못할 경우 전략적 철수를 감행하여 한강 방어선, 대전 방어선, 낙동강 방어선을 축차적으로 점령하며 저항을 계속하고자 하였다.[68] 이러한 국군의 작전 계획은 흥미롭게도 실제 전쟁에서 거의 그대로 구현되었다.[69]

국군의 작전명령 38호에 규정된 작전 개념은 압도적인 북한군의

68) 같은 책, pp. 642-645.
69) 이에 대한 자세한 설명은 박명림, 『한국 1950 전쟁과 평화』 (서울: 나남, 2003), pp. 181-186 참조.

전력으로 인해 쉽게 달성되기 어려웠다. 더욱이 상황을 제대로 파악하지 못하고 있던 한국군 수뇌부로 인하여 이는 더 어려워졌다. 전선의 상황이 심각하게 전개되고 있던 6월 26일 오전 10시 국방부는 이승만 대통령의 지시로 현역 및 원로 군사 경력자들을 소집하여 군 원로회의를 개최하였다.[70] 이 자리에서 논의된 핵심적인 사항은 서울을 고수할 것인지 아니면 한강선 방어를 실시할 것인지 하는 것이었다. 김홍일 장군과 이범석, 그리고 김석원은 한강선 방어를 주장한 반면 신성모 장관과 채병덕 총참모장은 전황이 유리하게 전개되고 있다고 보고하며 서울 고수를 주장하여 그들의 주장을 관철시켰다.[71] 풍부한 작전 경험을 가진 군 원로들의 한강선 방어 주장이 신 장관과 채 총참모장의 완고한 서울 고수 주장을 꺾지 못한 것이다. 이로써 국군은 조직적으로 한강선 방어를 계획한 작명 제38호를 실시할 기회를 상실하였다. 이승만은 군 원로회의를 통하여 유용한 전략을 얻고자 하였을 텐데 이미 작성된 계획마저 제대로 활용하지 못하게 된 것이다.

국군의 수뇌들은 창동에서의 위기가 고조되자 26일 심야에 재차 회동하였다. 이 자리에서 신성모 장관과 삼군의 총참모장들은 비로소 현실적인 대책을 논의하였다. 이들은 미국의 직접적인 개입만이 사태를 해결할 수 있다는 데 인식을 같이하였고, 육군은 철수를 계속하다가 마지막에는 유격전으로 전환하여 끝까지 항전하며, 해·공군은 육군 작전을 지원하고 정부 방녕 시에는 요인 수송을 담당할 것을 결정하였다. 그러나 이들은 자신들의 결정을 제대로 이행하지 못하였다. 다음날인 27일 오전 9시 소집된 육군본부 수뇌회의에서 신 장관은 정부와 해·공군의 수원 철수 결정에도 불구하고 육군은 서울에 잔류하여 고수를 지시한 것이다.[72] 적어도 당시 국군의 지도

---

70) 이 자리에 참석한 인물은 육군 총참모장 채병덕 소장, 공군 총참모장 김정렬 준장, 해군 총참모장 대리 김영철 대령, 참모학교장 김홍일 소장, 전 경비대 총사령관 송호성 준장, 전 통위부 부장 유동열, 전 광복군 참모장 및 국무총리 이범석, 전 광복군사령관 이청천, 전 제1사단장 김석원 준장(예) 이었다.

71) 국방부 군사편찬연구소(2005), pp. 67-68.

부는 유격전을 위해 언제쯤 철수해야 할지에 대한 논의조차 하지 못하였다.

6·25전쟁 초기 전쟁수행에 있어 가장 중요한 결정은 한강선 방어선 형성을 결정한 것이었다. 육군본부는 서울이 함락된 이후 막대한 피해를 보고 혼란 가운데 철수한 한국군 사단들을 시흥지구전투사령부(시흥사)로 편성하여 한강선을 방어하도록 조치하였다. 채병덕 장군은 육군참모학교장 김홍일 소장을 시흥지구전투사령관으로 임명하며 한강선 방어 임무를 부여하였다. 변변한 무기와 장비도 없이 탄약마저 부족한 가운데 원 소속 부대를 무시하고 급조 편성한 부대들로 구성된 시흥사는 김홍일 소장의 지휘 아래 북한군의 한강 도하를 서울 피탈로부터 6일이나 저지할 수 있었다. 김 장군은 29일까지 예하 부대로 방어선 점령을 완료하도록 하였고 7월 3일 북한군 전차가 한강 철교를 넘어올 때까지 방어지역을 확보하였다.[73] 김홍일 소장은 "앞으로 3일 동안 한강선을 지키느냐, 지키지 못하느냐에 따라 나라의 운명이 가름된다"는 훈시로 시흥사의 장병들을 격려하였는데, 이 기간에 미 지상군이 6·25전쟁에 참전할 수 있게 되었으며 이는 전쟁의 성격을 근본적으로 바꾸어 놓았다. 이를 통해 전쟁의 중심(Center of Gravity)이 한국군이나 한국 정부가 아니라 미국으로 이동하게 된 것이다.

6. 한국의 전쟁수행 전략

한국은 제2차 대전 이후 형성된 냉전 구조 가운데 주변부에 위치한 국가였으며 그로 인해 미국으로부터 안보 공약을 받을 수 있는 상황에 놓여 있지 못하였다. 그런데 전쟁과 더불어 한국은 세계적 대

72) 같은 책, p. 69.
73) 국방부 군사편찬연구소, 『6·25전쟁사 3: 한강선 방어와 초기 지연작전』(서울: 국방부 군사편찬연구소, 2006), pp. 125-143.

결의 한복판에 위치하게 되었고, 특히 공산주의자들의 도전을 차단하고자 하는 미국이 즉각적으로 군사개입을 결정한 대상국이 되었다. 한국 정부의 처지에서 보았을 때 이러한 상황의 변화는 반드시 활용하여야 하는 요소가 되었다. 자연스럽게 한국 정부의 전략은 적극적으로 미국을 한국의 상황에 연루시키면서도 한국의 이익을 집요하게 추구하는 방향으로 발달하였다.

한국 정부는 미군을 비롯한 국제연합군의 전투력이 충분히 발휘되도록 많은 배려를 하였다. 주일 미군이 한국 전선에 투입되었을 때, 대다수의 부대는 중요한 핵심 인원만 유지하는 형태로 편성되어 편제표 상의 인력이 충원되지 못한 상태에 있었다. 이 때문에 미군이 충분한 전투력을 발휘하지 못하는 상황이 속속 노출되었다. 한국 정부는 이 문제를 해결하기 위하여 카투사(Korean Augmentation Troops to the United States Army, KATUSA) 제도를 시행하여 한국의 젊은이들을 미군에 배속시켰다. 1950년 7월 이승만 대통령과 무초 주한 대사는 논의를 거쳐 국제연합군 사령관 맥아더(Douglas MacArthur) 장군에게 카투사 제도를 제안하였고 이는 곧 받아들여졌다. 카투사 제도를 위해 한국의 젊은이들이 징모되었고 이들은 처음에는 일본에서 이후에는 부산 구포리에서 훈련을 받고 미군 일선 사단들에 배치되었다.[74]

초창기 카투사는 언어의 제약과 전쟁에 대한 부적응으로 인하여 미군으로부터 주목 받지 못하였으나 한국의 지형을 잘 알고 적과 아군을 구분해내며 용감하게 전투를 수행하게 되자 점차 높은 평가를 받게 되었다. 1950년 8월 16일 최초의 카투사 313명이 부산을 출항해 요코하마에 도착하였으며 같은 해 9월 30일에는 2만 2천 명의 카투사들이 미군에 배속되어 근무하였다. 미군은 카투사를 운영하기 위해 미군 1명과 카투사 1명을 짝지어 주어 제식, 소총 조작 및 개인위생을 책임지는 버디 시스템을 도입하거나 독립된 카투사

74) 문관현, "6·25전쟁 시 카투사 제도와 유엔 참전 부대로의 확대," 『군사』 제69호(2008), pp. 199-206.

소대를 조직하기도 하였다.[75)]

미군은 카투사 제도의 장점을 인식하고 다른 참전국들에도 이 제도를 확대하였다. 대표적으로 영연방 군대에 카트콤(Korean Augmentation Troops to the Commonwealth Division)이 운용되었다. 영국군의 경우 1952년 겨울부터 이 제도의 도입을 검토하여 1953년 3월 각 대대에 100명씩의 카트콤을 충원하였다.[76)] 다른 나라의 군대에는 미군 사단에 배치된 카투사들이 재배치되는 형태를 통하여 배치되었다. 이러한 방식으로 프랑스대대에는 제2중대가 한국군으로 편성되기도 하였다.[77)] 카투사 제도는 미군의 병력 부족을 보완해주는 실질적인 역할을 하였으며 세계에서 유일한 독특한 제도로 지금까지 남아 있다.

아울러 한국 정부는 미군들이 전투에 병력을 집중하도록 돕기 위하여 한국노무단(Korean Service Corps, KSC)를 창설하였다. 한국 정부는 낙동강 방어선에 배치된 미군 4개 사단에 500명씩의 한국인 노무자들을 배치하여 물자 보급 및 잡역을 보조하도록 하였다.[78)] 이후 한국 정부는 1951년 7월 15일 제101, 102, 105 예비사단을 모체로 3개 사단 2개 여단을 기간으로 제5군단 예하에 한국인 노무단을 창설하였다. 이들 부대는 1951년 6월 7일 이래 주 접촉선인 캔자스-와이오밍선 상의 교통호 구축과 철조망 설치, 그리고 지뢰 매설을 담당하여 왔었다. 이들 부대는 휴전 직후 대부분 해체되었으나 제101 노무사단은 휴전 이후에도 계속 임무를 수행하였다.[79)]

한국 정부는 비록 미국을 비롯한 국제연합군의 도움으로 전쟁을 수행하고 있었지만 전쟁의 목표는 분명히 추구하였다. 한국의 지도자들은 북한의 불법 남침으로 인하여 38도선은 의미를 상실하였으

75) 같은 논문, pp. 199-206.
76) 같은 논문, pp. 208-209.
77) 같은 논문, pp. 213-214.
78) 김병곤, "한국전쟁 기간 중 한국노무단(KSC)에 대하여," 『군사』 제23호(1991), pp. 228-229.
79) 같은 논문, pp. 230-233.

므로 여건이 허락되는 대로 북진하고 통일을 달성한다는 데 대해 일치된 견해를 유지하였다. 앞서 살펴본 대로 이승만 대통령은 북한이 남침하였을 때 전쟁이 분단 문제를 해결할 가능성을 지니고 있음을 직감하였다. 한국 정부는 전쟁의 추이에 따라 공개적으로 38도선의 무용성과 이북의 실지에 대한 한국의 권리를 주장하기 시작하였다.

한국 정부가 처음으로 38도선 이북의 실지에 대한 입장을 밝힌 것은 주미 대사 장면의 언명을 통해서였다. 장면은 미국의 유엔 대표부 대사 오스틴에게 38도선은 무의미하며 이북 지역의 해방과 남북한의 통일은 필수적이라고 강조하였다.[80] 이어서 이승만은 1950년 7월 19일 트루먼에게 보낸 서신에서 "한국 국민과 그들의 강력한 우방이 치른 위대한 희생의 결과가 통일이 아닌 다른 무엇이 될 수 있다는 것은 생각조차 못할 일"이라고 주장하였다.[81] 그리고 인천 상륙작전이 성공하자 장면 대사는 애치슨 국무장관에게 편지를 보내어 분쟁이 종식되면 한국 정부가 38도선 이북 지역에 대한 관할권을 가져야 한다고 주장하였다.[82] 한편 이승만은 서울 수복 이후에 38도선을 넘기 위해서는 유엔의 승인을 기다려야 한다는 국제연합군 측의 견해에도 불구하고 정일권을 비롯한 육군본부 참모들을 직접 부산에 있던 경무대로 호출하여 국군의 38도선 돌파를 명령하였다.[83]

한국 정부의 견해는 38도선 이북 지역에 대한 미국과 유엔의 공식적인 견해와는 상충하는 것이었다. 미국은 9월 22일 미 국무부의 한국담당관 에머슨(John K. Emmerson)의 「한국전 종전계획, Program for Bringing Korean Hostilities to an End」을 통하여 북한 지역의 점령과 진주에 대한 견해를 정리하였다. 이에 의하면 유

80) *FRUS 1950, Vol. VII*, pp. 125-126.
81) Ibid., pp. 428-430.
82) Ibid., pp. 748-750.
83) 정일권, 『정일권 회고록: 6·25비록, 전쟁과 휴전』 (서울: 동아일보사, 1986), pp. 154-156.

엔군이 점령지역에서 북한군을 무장해제하고 한국 정부의 38도선 이북 지역에 대한 관할 시기와 방법은 유엔군 사령관이 한국 정부와 협의하여 결정하며 "그 이전에는 38선 이북 지역의 법과 질서 유지의 책임은 유엔군의 감독 하에 북한민정당국"이 지게 되었다.[84] 이러한 기조 위에 유엔은 10월 7일 총회에서 38도선 이북 지역에 대한 한국 정부의 관할권을 인정하지 않으며 유엔의 감시를 통해 전 한반도 지역에서 선거를 시행하고 통일 한국을 수립할 것을 결의하였다.[85]

한국 정부는 유엔의 방침에 강력히 반발하였다. 이승만 대통령은 대한민국 헌법이 전 한반도를 대상으로 하며 유엔 역시 이에 대한 의문을 제기한 적이 없다고 주장하였다. 아울러 그는 유엔군 사령부는 북한을 통치할 준비를 갖추지 못하였고 심지어 양민과 공산주의자들조차 구분할 수도 없을 것이라고 항의하였다.[86] 아울러 그는 한반도 전역에서 선거를 치를 필요 없이 선거는 한국 국회가 북한 지역을 남겨 둔 100석만 채우면 될 것이라고 주장하였다. 또한 한국 정부 대변인은 유엔에서 논의되고 있는 선거는 북한 지역에서만 시행되는 선거임을 의미한다며 사실과는 반대되는 성명을 발표하였다.[87]

한국 정부의 반발은 항의성 언술에만 머무르지는 않았다. 한국군이 38도선을 넘어서 북진을 개시하자 정부는 부처별로 북한 지역 점령정책을 수립하였다. 내무장관 조병옥은 10월 10일 기자회견에서 북한에 주재할 경찰관들을 모집하고 있으며 수복지역에 민간 정부를 수립하기 위하여 준비하고 있다고 밝혔다. 그는 이어서 국무회의에서 채택된 「북한시정방침」을 공표하였다. 한국 정부는 이에 더하여 각 부처 장관이 주축이 된 9개 분과로 편성된 '북한행정대책위원회'를 설치하고 유엔이 설치한 한국통일부흥위원단(UN Commis-

84) 박명림, 『한국 1950 전쟁과 평화』, p. 564.
85) 같은 책, p. 568.
86) 로버트 올리버, 황정일 역, 『신화에 가린 인물 이승만』 (서울: 건국대학교출판부, 2008), p. 326.
87) 박명림, 『한국 1950 전쟁과 평화』 , p. 568.

sion for the Unification and Rehabilitation of Korea,[88] UN-CURK)과 협의할 것을 목표로 북한 지역 통치 방안을 구체적으로 논의하였으며 11월 20일 한국통일부흥위원단이 방한하자 정부의 기본 방침을 설명하고 정부의 북한시정방침을 수용해 줄 것을 설득하였다.[89]

수복지역에 대한 한국 정부와 유엔의 갈등은 중국군의 개입과 그로 인한 유엔군의 철수로 무의미하게 되었다. 한국 정부는 이후 전쟁수행에 대해 미국을 비롯한 유엔 참전국들과 더욱 첨예한 갈등을 겪게 되었다. 전쟁을 수행할 수 있는 물리적인 힘이 부족한 한국 정부는 늘 전장의 상황에 민감하였으며 미국을 비롯한 국제연합군이 한국을 버리고 그들에게 우선순위가 높은 유럽으로 돌아갈 것을 끊임없이 염려하였다. 그러다가 미국이 1950년의 막바지에 전쟁을 정전으로 종결짓겠다는 방침을 결정하고 1951년 7월부터 본격적으로 휴전회담이 진행되자 한국 정부는 강력하게 휴전에 반대하였다.

이승만 대통령은 1953년 4월 9일 아이젠하워(Dwight D. Eisenhower, 1890-1969) 대통령에게 보낸 편지에서 인도가 제안한 것이든 아니면 공산 측이 제안한 안이든 한반도에 중국군을 잔류시키는 안에 동의하면서 (공산군을 몰아내려는) 한국과 뜻을 함께하지 않는 참전국들은 한반도에서 떠나라고 요구하였다. 그는 한국과 뜻을 같이하여 중국군을 몰아낼 의도를 지니고 있는 국가들은 얼마든지 환영한다고 강조하였다.[90] 한국 사회는 곧 뜨거운 휴전 반대의 물결에 휩싸였다. 3년여의 격전 끝에 수많은 피해를 겪고 전전 상태와 별로 나아질 것이 없는 휴전을 받아들이기는 어려웠던 것이다. 그러나 전쟁을 위한 물자와 장비를 고스란히 미국에 의존하고 있던 한국으로서는 휴전을 무작정 거부할 수는 없었다.

88) 1950년 10월 7일 유엔 총회에서 한반도의 재건과 구호를 수행할 기구로 창설되었음.
89) 양영조, "남한과 유엔의 북한지역 점령정책 구상과 통치: 타협과 현실의 괴리," 『한국 근현대 사학회』 Vol. 62, pp. 84-85.
90) *FRUS 1952-1954, Vol. XV, Part 1*, pp. 902-903.

한국 정부는 휴전을 받아들이는 한편 북한 및 중국의 침략으로부터 안보를 확보하기 위하여 미국과의 군사동맹을 추구하였다. 이승만은 북대서양조약기구와 같은 동맹 관계를 한국과 미국 사이에 형성하고 싶어 하였다. 이를 위해 미국과의 관계에서 뚜렷한 협상력을 지니고 있지 못한 피원조국에 불과하였던 한국 정부는 미국이 추구하던 '휴전'을 십분 활용하였다. 이승만 대통령은 휴전에 반대하는 그의 입장을 강조하며 한국군을 유엔군의 지휘에서 독립시키겠다고 엄포를 놓았다. 1953년 5월 말 유엔군 사령부는 이승만 대통령이 휴전회담에서 한국 대표를 철수시키거나, 한국군을 유엔군에서 철수시키거나, 반공 포로들을 일방적으로 석방하거나, 혹은 휴전 반대 데모를 더욱 격하게 할 것으로 예측하여 합참에 보고하였다.[91)]

미국 정부는 내부적인 논의를 통하여 한국과 상호 방위조약을 체결할 것을 결정하고 이를 한국 정부에 통보하였으나, 이승만은 6월 2일 상호 방위조약을 우선 체결하고 휴전협정을 체결할 것을 요구하였다. 미국 정부가 6월 12일 이승만을 설득하기 위해 그를 워싱턴으로 초청하였으나 거절당하자 로버트슨(Walter S. Robertson) 국무 차관보를 서울로 파견하기로 하였다. 이러한 와중에 이승만 대통령은 6월 18일 새벽에 전격적으로 북한과 중국으로의 송환을 거부하였던 반공 포로들을 석방하였다.[92)] 반공 포로 석방은 참전국들에 큰 충격을 안겨 주었으며 미국으로 하여금 한국 정부가 휴전에 동의하지 않으면 앞으로도 많은 방해를 할 수 있음을 강력하게 인지시켰다.

한국과 미국 정부는 1953년 7월 12일 공동으로 상호방위조약 체결에 합의하였음을 발표하였다. 비록 한국 정부는 공산군의 침략에 대하여 미군의 즉각적이고 자동적인 군사개입을 확약 받는 데는 실패하였지만 양국의 영토에 대한 무력 침공에 대해 각국의 헌법 절차에 따라 공동으로 대처하도록 규정한 상호방위조약을 미국과 체

91) 온창일(2000), pp. 1012-1013.
92) 같은 책, pp. 1014-1015.

결할 수 있게 되었다. 한국과 미국은 같은 해 10월 1일 워싱턴에서 상호방위조약을 정식 조인하였고 이듬해 각국 의회의 비준에 의해 정식으로 효력을 발휘하게 되었다. 한미 상호방위조약은 이후 한반도는 물론 동아시아의 평화와 안정을 유지하는 데 결정적인 기여를 하였다.

제3장 | 북한의 남침과 전쟁수행 전략

1. 남침
2. 6·25전쟁 이전 북한의 안보정책
3. 전쟁 이전 북한의 국방정책
4. 북한의 초기 전쟁 지도
5. 북한의 군사전략
6. 북한의 전쟁수행 전략

제3장 | 북한의 남침과 전쟁수행 전략

1. 남침

1950년 6월 10일 인민군 총참모장 강건은 그의 집무실에서 비밀 작전회의를 주관하였다. 이 회의에는 인민군의 핵심 국장급 간부와 최고 지휘부 그리고 교통상 대리인 박의완 등이 참석하였다. 이 회의의 목적은 지난 4월부터 시작하여 전군적인 검열을 마친 인민군의 각 부대를 '하기 대기동훈련'이라는 명분으로 38도선에 연하여 선정된 공격대기지역으로 이동시키는 명령을 하달하는 것과 인민군의 편제를 두 개의 보조 지휘소로 나누어 실질적으로 군단체제로 운영하도록 조직하는 것이었다. 이에 따라 제1보조지휘소는 김웅의 지휘 아래 제1, 3, 4, 6사단과 제105탱크여단을 예하 부대로 두었고 제2보조지휘소는 김광협의 지휘 아래 제2, 12, 5사단과 603모터싸이클 연대, 특수전 부대인 제766부대를 예하 부대로 편성하였다.[93] 이 준비는 곧이어 시작될 남침을 효과적으로 수행하기 위한 분권화 조치였다.

군단체제의 편성과 이동명령으로 인민군은 남침을 위한 준비에 박차를 가하였다. 우선 새로이 편성된 군단은 6월 12일경 예하 사단장과 참모, 포병부대 지휘관이 참석한 가운데 원활한 공격작전을 위해 각 부대의 행동을 조정하는 협동작전을 조직하였다.[94] 이어서 인민군 사단들은 부여된 지역으로 이동을 개시하였다. 사리원의 인민군 6사단은 옹진반도에 1개 연대를 배치하고 나머지 주력은 개성

93) 박명림, 『한국전쟁의 발발과 기원 I』 (서울: 나남, 2003), pp. 355-357.
94) 같은 책, p. 358.

북방으로 이동하였고, 제1사단은 6월 15일까지 남천점에서 집결하여 개성 북방의 송현리로 이동하였다. 인민군 제3사단과 4사단은 6월 14일까지 각각 철원 및 연천과 옥계를 연하는 지역을 점령하였다. 이들 사단을 지원할 제105땅크여단도 평양에서 이동하여 연천 북방의 공격대기지역을 점령하였다.

한편 중동부전선을 침공할 제2사단은 함흥에서 출발하여 6월 17일 화천에 도착하였으며, 제7사단은 원산에서 이동을 개시하여 20일 양구에 도착하였다. 제7사단은 남침 첫날인 6월 25일 제12사단으로 개칭되었다. 동부전선을 공격할 제5사단은 나남의 주둔지를 출발하여 양양으로 이동하였다.[95] 아울러 인민군은 38도선을 경비하고 있던 옹진의 제3경비여단과 양양의 제1경비여단을 남침에 가담시켰다. 인민군은 남침 직전 왼쪽에서 오른쪽으로 볼 때 제3여단, 제6, 1, 4사단, 105탱크여단, 제3, 2, 12, 5사단, 제1여단, 766부대 순으로 배치되었다.[96] 인민군 공격 부대들이 38도선 부근으로 진출한 다음 북한은 수복지역을 제안하였다.

북한의 최고인민회의 상임위원회는 6월 19일 '평화적 조국통일 추진에 관하여'라는 8개항으로 된 결정서를 제시하였다. 이 제안에서는 남한 정부 대신 남한의 국회를 상대로 입법기관 총선을 실시할 것을 주장하였다. 이는 해당 연도 5월 30일 남한에서 시행된 총선에서 중도파 의원들이 대거 당선되었기에 이들이 적극적으로 호응해 줄 것을 기대하고 던진 제안이었다. 결국 한국 국회에서 반응이 없자 최고인민회의 상임위원회 김두봉은 6월 23일 기자회견을 통해 남한이 조국의 평화통일을 위한 제안을 거부하며 전쟁을 준비하고 있다고 비난하였다.

남침 이전 북한은 전쟁의 위장막을 치고 남한의 선제 북침을 가장하기 위한 언술을 주도면밀하게 구사하였다. 북한의 조국통일민주

95) 같은 책, pp. 366-368; 블라지미르 니꼴라예비치 라주바예프 저, 국방부 군사편찬연구소 역, 『소련 군사고문단장 라주바예프의 6·25전쟁 보고서 1』 (서울: 국방부 군사편찬연구소, 2001), pp. 133-135.

96) 국방부 군사편찬연구소(2005), p. 56.

주의전선은 1950년 6월 7일 중앙확대위원회를 소집하여 평화통일을 제의하는 호소문을 발표하였다. 이어서 북한의 평양 방송은 6월 10일 북한에 감금되어 있는 조만식 부자와 남로당의 거물인 김삼룡, 이주하를 38도선 상에서 교환하자고 제안하였다. 한국 정부는 이를 상투적인 선전 수단으로 간주하였으나 일단 유엔한국위원단에 일임하고 6월 19일 야간에 서울중앙방송을 통하여 조만식을 개성까지 보내면 김삼룡과 이주하를 이북으로 보내겠다며 6월 22일까지 회답하라는 요지의 방송을 하였다. 그러나 북한으로부터는 아무런 회답이 없었다.[97]

북한은 김두봉이 남한이 전쟁을 준비하고 있다며 기자회견을 하던 날 인민군 장교들에게 최고지도부의 전쟁 개시에 대한 최종적인 훈화를 하달하였다. 민족보위상 최용건과 김두봉, 그리고 소련인 고문 등이 남침 전 마지막 순간에 전쟁에 뛰어들 인민군 장교들을 고무시킨 것이다. 아울러 인민군 전 조직에 대하여 전투 의지를 고양하기 위한 선전과 교육이 광범위하고 철저하게 진행되었다.[98] 비록 인민군 하전사들은 많은 경우 전쟁의 기미를 이해하지 못하였으나 이들은 남한이 북한의 평화통일 제안을 거절한 것에 분노하였고 단호한 행동이 필요하다는 것에 크게 공감하였다.

인민군의 마지막 남침 준비 행동은 근접 정찰이었다. 북한군은 공격 예정 경로상의 지뢰를 제거하고 간부들을 주축으로 공격 경로와 목표, 지형 및 한국군의 전방 부대 배치 현황을 정찰하였다. 인민군 제2군단 공병참모로 전쟁에 참전하였던 주영복은 6월 24일 군단참모장 최인의 인솔 아래 다른 군단 참모들과 함께 38도선 인근 부용산 능선에 올라 소양강 줄기와 양구에서 춘천에 이르는 도로를 확인하고 한국군 6사단 7연대의 일선 부대가 배치된 현황을 확인하고 돌아갔다.[99]

97) 국방부 군사편찬연구소(2004), pp. 562-563, p. 578.
98) 박명림, 『한국전쟁의 발발과 기원 I』 (서울: 나남, 2003), pp. 416-422.
99) 주영복, "전쟁 중의 소련과 북조선 관계," 라종일 편, 『증언으로 본 한국전쟁』 (서울: 예진, 1991), pp. 54-60.

인민군은 6월 25일 새벽 전면적인 남침을 단행하였다. 옹진반도에서 제3경비여단은 30분간의 공격준비사격이 끝나자 공격을 개시하여 새벽 6시경에는 이미 2 내지 2.5km를 전진하였다. 같은 지역의 제6사단 1연대는 오후에 이르러 옹진 서북쪽과 북쪽의 고지를 점령하였고 저녁 7시 40분경에는 옹진을 점령하였다. 개성 방면으로 공격을 개시한 6사단의 제15연대 및 13연대는 아침 6시 20분부터 시가전을 시작하여 저녁 7시 30분경 개성을 완전히 점령하였다.[100)]

서울을 향하여 남침을 개시한 인민군 사단들은 압도적인 전력을 이용하여 오후 1시 무렵에는 제1사단이 문산 서북쪽 7km 지점까지, 제4사단은 감악산과 동두천 동남쪽 4km에 위치한 광암리를, 그리고 제3사단은 포천 북서쪽 4km의 문례현 고개와 포천 동쪽의 강구동까지 진출하였다. 무엇보다 한국군에게 위협이 되었던 제105땅크여단은 이 시기 포천을 점령하기 위한 전투에 한창이었다. 이후 1사단의 공격은 한국군 1사단의 저항으로 문산 서쪽 7km 지점인 강정리에서 지체되어 다음날 사단 제2제대가 투입되어서야 전진을 재개할 수 있었다. 반면 제3사단은 첫날 공격에서 의정부 동북쪽의 무봉리와 마명리에 이르는 선을 점령함으로써 공격목표를 달성하였고, 제4사단은 밤 9시 20분경 동두천을 완전히 점령하였다. 제4사단은 개전 초일 16km나 전진하였다.[101)]

춘천 방면으로 공격을 개시한 제2사단과 12사단의 전진은 한국군 제6사단의 선방으로 인해 순조롭지 못하였다. 2사단은 애초에 춘천과 가평 방면으로 공격을 개시하여 공격 당일 춘천과 가평을 점령하고 다음 날 경춘국도를 따라 이동하여 서울 동쪽 20km 지점인 덕소에서 한강을 건너려고 계획하였다. 12사단의 경우 공격 당일 춘천 동남쪽 2km에 위치한 석사리, 춘천 동쪽 21km의 대룡산, 그리고 홍천 북동쪽 20km의 역내리까지 진출하고, 다음 날 원주-여

100) 블라지미르 니꼴라예비치 라주바예프 저, 국방부 군사편찬연구소 역(2001), pp. 142-148.

101) 같은 책, pp. 158-159.

주간 도로를 차단하고 수원 방면으로 진출하는 603모터사이클 연대의 좌측방을 방호하면서 홍천 및 여주 방면으로 진격할 것을 목표로 하였다.[102] 제2사단과 12사단은 서울 공격부대들이 38도선에서 한국군 주력을 격멸하는 동안 춘천을 돌파하고 수원 지역까지 이동하여 추가적인 한국군 증원을 방지하고 전선에서 후퇴한 한국군을 포위하여 결정적인 승리를 달성하는 임무를 부여받았다.

한국군 6사단은 압도적인 인민군 제2군단을 맞아 침착하게 방어전을 수행하였다. 사단은 6월 19일 귀순자의 제보를 통해 북한군의 남침 준비가 완료되었으며 곧 침공이 임박하였음을 숙지하고 육군의 전체적인 분위기와 달리 자체적으로 경계를 강화하고 외출과 휴가는 사단 전면적으로 실시하지 않고 연대장 재량으로 위임하였다.[103] 인민군의 남침이 시작되자 전방에 배치되어 있던 제7연대는 북한강 계곡을 활용하여 2사단의 전진을 저지하는 한편 소양강을 도하하기 위해 옥산포 일대에서 공격해 오는 적 부대를 16포병대대를 활용하여 공격함으로써 막대한 피해를 입혔다. 특히 7연대 1대대 대전차포 중대 2소대장인 심일 소위가 특공 공격으로 인민군의 SU-76 자주포를 파괴하자 사단 병사들의 사기가 충천하기도 하였다.

인제 방면에서 공격을 개시한 12사단 역시 관대리 남쪽의 38교에서부터 한국군 3연대의 일개 소대에 의해 2시간이나 전진이 지연되었다. 이후 인민군 2군단장은 2사단의 진출을 위해 12사단의 2개 연대로 춘천 지역에 대한 공격에 가담하게 하여 6월 27일 겨우 춘천을 점령할 수 있었다. 그러나 한국군은 춘천에서 홍천에 이르는 요지인 원창고개를 장악하여 12사단의 전진을 저지하였으며 이 과정에서 육탄공격으로 적 탱크를 10대나 파괴하기도 하였다. 한국군 6사단은 이후 전선 조정 차원에서 철수하여 중부 내륙에서의 지연전을 성공적으로 수행하여 갔다. 결과적으로 한국군 6사단의 분전으

102) 같은 책, pp. 156-157.

103) 6사단은 귀순자의 제보를 육군본부에 보고하였으나, 육군본부는 다른 사단 정면에는 별다른 징후가 포착되지 않는다며 남침 가능성을 일소했다.

로 인민군 제2군단은 전략적인 목표를 달성할 수 없게 된 것이다.

2. 6·25전쟁 이전 북한의 안보정책

북한은 정권이 수립된 이래 1949년 3월 7일 소련과 처음으로 경제문화협정을 비롯한 11개의 대외 조약을 체결하였다. 이들 대외 조약에는 군사보호협정을 포함한 안보 관련 조약이 포함되어 있지 않았다. 그러나 김일성과 박헌영은 스탈린을 만난 자리에서 남침을 허락해 줄 것을 요구하였고 스탈린은 아직 북한의 전력이 압도적으로 우세하지 못하다는 점과 남한에 남아 있던 미군이 개입할 것이라는 점을 들어 거절하였다. 그러면서도 스탈린은 북한에 대하여 해·공군 장비를 포함한 군사 지원을 약속하였다.[104] 북한은 정권 수립 당시부터 팽창주의적인 정책을 취하고 있었던 것이다.

김일성은 스탈린과의 면담이 있던 다음 달인 4월 말에 조선인민군 문화부사령관 김일을 중국에 파견하였다. 김일은 마오쩌둥(毛澤東), 저우언라이(周恩來), 가오강(高崗) 등을 만나 중국 인민해방군 소속 한인 병사들의 북한 귀국 문제를 논의하였다. 마오쩌둥은 한만국경 인근에 있는 2개 사단을 북한이 요청하면 즉각 귀국시키기로 하였고 나머지 1개 사단은 국민당 군대와 교전 중에 있어 귀국을 미루기로 합의하였다. 이에 따라 1949년 7월부터 8월 사이에 중국 인민해방군 제166사단과 164사단이 북한에 귀국하여 각각 인민군 제6사단과 5사단으로 편입되었다.[105] 나머지 1개 사단은 1950년 4월에 제15사단으로 편성되어 북한으로 귀국하였다.

북한의 팽창주의적인 대남정책은 김일성의 정부 수립 기념 연설에서부터 드러났다. 김일성은 1948년 9월 10일 신생 정권의 정책 기조인 8개 조의 '조선민주주의인민공화국 정부의 정강'을 발표하였

104) 박명림, 『한국전쟁의 발발과 기원 I』, pp. 91-101.
105) 같은 책, pp. 102-103.

다. 그는 첫 조항에서 민족의 통일과 남북한에 주둔하고 있던 미·소 양군의 동시 철수를 주장하였다. 그는 첫 조항을 설명하며 "국토의 완정과 민족의 통일을 보장하는 가장 절박한 조건으로 량군 동시철거에 대한 소련 정부의 제의를 실천시키기 위하여 전력을 다할 것"을 선언하였다.[106] 국토의 완정은 두말할 것도 없이 한반도의 통일을 달성하겠다는 의미이다.

김일성의 국토완정에 대한 구상은 1949년의 신년사에서 좀 더 구체적으로 공개 되었다. 김일성은 신년사에서 남한 지역에 대한 석권을 공개적인 국가 목표로 제시하였다. 그는 신년사 본문에서 북한의 노동자 농민들에게 국토완정을 위해 모든 것을 바치자고 하였고, 남한의 인민들에게는 직접 국토완정의 필요성을 호소하였다. 김일성은 남한의 농민들에게 토지개혁을 약속하였고 노동자들에게는 노동법령의 적용을, 그리고 여성들에게는 남녀평등의 이상을 제기하였다.[107]

김일성의 국토완정론은 북한에 대한 스탈린의 정책과는 다른 것이었다. 해방 이후 북한에 사회주의가 건설되기 시작하면서 북한에 제기되었던 목표는 민주기지건설이었다. 이는 스탈린의 일지역 사회주의 건설과도 일맥상통하는 것이었다. 이에 따라 소련 군정과 북한의 지도자들은 북한 지역에 사회주의를 건설하는 것에 역량을 집중하였다. 이 때문에 이들은 일국 일당 원칙마저 파괴하고 남한에 존재하고 있는 조선공산당에서 분리된 조선공산당 북조선분국을 설치하였으며, 1945년 10월에는 행성 10국을 만들어 행정을 담당하게 하였고, 이듬해 2월에는 토지개혁을 전격적으로 추진하였으며, 치밀하게 군사기구를 설립하였다. 그러나 1948년 북한에 단독 정권이 수립되고 나자 김일성은 국토완정을 중요한 국가 목표로 제시한 것이다.

모스크바에서 돌아온 김일성은 스탈린에게 부단히 전쟁을 수락해 줄 것을 요구하였다. 김일성과 박헌영은 1949년 8월 12일과 14일

106) 『조선중앙년감』 (1950), p. 16; 박명림, 『한국전쟁의 발발과 기원 I』, p. 83에서 재인용.
107) 박명림, 같은 책, pp. 86-88.

주북한 소련 대사로 근무 중인 슈티코프(Terenti F. Stykov)가 하계휴가를 위해 모스크바로 떠나기 전 그를 만나 대남 공격의 필요성과 당위성을 설명하였다.108) 그들은 슈티코프가 쉽사리 동의하지 않자 강원도 접경 지역인 삼척에 해방구를 건설하겠다고 제안하기도 하였고, 당시 대치 중이던 옹진을 점령할 것을 건의하기도 하였다. 옹진 점령은 김일성에 의하면 대단히 실익이 있는 계획이었는데 이를 통해 38도선으로 이루어진 접경선을 120Km나 줄일 수 있는 방안이었고 이를 통해 병력을 큰 폭으로 절약할 수 있다는 것이었다.109) 슈티코프는 이러한 북한 지도자들의 제안에 대하여 좀 더 자세한 상황을 파악한 후에 행동하도록 권고한 후 스탈린에게 이들의 계획을 보고하였다.

김일성의 설득은 다음 달에도 이어졌다. 김일성은 9월 3일 슈티코프가 소련으로 잠시 떠난 사이 대사 대리로 근무하고 있는 툰킨(Grigory Ivanovich Tunkin) 공사에게 비서 문일을 보내어 대남 공격의 필요성을 주장하였으며 특히 옹진점령에 대한 소련 측 견해를 문의하였다. 김일성은 만일 옹진점령이 국제 문제화 할 경우 남한을 2개월 이내에 점령할 수 있다고 생각한다고 언급하였다.110) 툰킨은 이를 모스크바에 보고하였고 9월 11일 스탈린은 툰킨에게 남한군의 역량과 북한의 능력, 특히 북한이 주장하는 빨치산의 역량, 북한이 주장하는 계획의 실현 가능성에 대한 정밀한 분석을 요구하였다.111) 물론 김일성과 박헌영은 최대한 긍정적인 인상을 주기 위한 답변을 하였다. 그러나 결과적으로 9월 24일 소련공산당 중앙위원회는 북한의 성급한 개전 계획을 강력히 저지하라는 지침을 슈티코프에게 하달하였다.112)

108) Torkunov, Anatolii Vasilievich 저, 허남성·이종판 역, 『한국전쟁의 진실』 (서울: 안보문제연구소, 2002), pp. 44-45.

109) 같은 책, p. 47.

110) 같은 책, pp. 48-57.

111) 예브게니 바자노프·나탈리아 바자노프 저, 김광린 역, 『(소련의 자료로 본)한국전쟁의 전말』 (서울: 열림, 1998), p. 29.

112) 같은 책, pp. 39-41.

1950년도에 들어 김일성의 끈질긴 노력은 성과를 거두게 되었다. 스탈린이 전쟁을 수락한 것이다. 1949년 10월 10일 중국이 공산당에 의하여 통일되자 스탈린은 이를 매우 고무적으로 받아들였으며, 1949년 8월 29일 자체 핵무기 개발에 성공하자 자신감을 얻게 되었다. 스탈린은 슈티코프를 통해 1950년 1월 17일 박헌영의 관저에서 열린 주중 북한 대사 이주연의 환송연 도중 김일성이 되풀이한 남침 제안과 스탈린과의 면담 요청을 듣고 김일성의 불만을 이해하나 치밀한 준비를 해야 하고 모험을 해서는 안 된다고 답변했다. 또한 이 문제에 대해 논의할 준비가 되어 있고 그를 지원할 용의가 있다며 이를 받아들였다.[113] 김일성은 스탈린의 회신에 기뻐하며 2월 4일 슈티코프를 만나 10개 사단 체제를 갖추기 위해 3개 보병 사단의 증설과 이를 위해 1951년도로 예정된 원조를 1950년으로 앞당겨 줄 것을 요청하였다. 1950년 4월 김일성과 박헌영은 재차 스탈린을 방문하였다. 스탈린은 이들에게 세부적인 3단계 작전을 제안하였고 북한군 증강을 논의하였다. 그는 아울러 미국이 개입하지 말아야 할 것과 중국이 북한의 계획을 지지하여야 함을 지적하였다.[114]

김일성과 박헌영은 스탈린에게서 남침 허락을 받은 뒤, 1950년 5월 13일 북경을 방문하였다. 김일성으로부터 스탈린과의 합의를 전해들은 마오쩌둥은 곧장 소련에 확인 전문을 발송하였고 스탈린으로부터 김일성의 제안에 동의하였다는 것, 그리고 이는 북한과 중국이 공동으로 결정하여야 할 문제라는 것, 만일 중국이 동의하지 않으면 이 문제는 유보될 것이라는 답장을 받았다.[115] 마오쩌둥은 김일성의 전쟁 계획에 찬동하고 몇 가지 유념해야 할 사항들을 권고하였다. 그는 김일성에게 도시 점령에 시간을 지체하지 말 것과 최우선 목표를 군사력 격멸에 둘 것을 강조하는 한편, 일본군이 참전

113) Torkunov, Anatolii Vasilievich 저, 허남성·이종판 역(2002), pp. 79-81.
114) 예브게니 바자노프·나탈리아 바자노프 저, 김광린 역(1998), pp. 52-53.
115) 같은 책, pp. 64-65.

할 가능성은 없으나 미군이 참전한다면 중국이 군대를 파견하여 북한을 원조하겠다고 공언하였다.[116)]

3. 전쟁 이전 북한의 국방정책

북한의 김일성은 1949년부터 남한에 대한 독자적인 도발을 지속하였다. 김일성은 스탈린으로부터 전쟁에 대한 승인을 받지는 못하였으나 그가 할 수 있는 방법을 동원하여 전쟁에 유리한 국면을 조성하고자 하였다. 그가 관심을 두었던 곳은 옹진반도였다. 앞서 언급한 대로 옹진반도에서 분쟁을 일으키면 남한이 먼저 전쟁을 도발한 것처럼 상황을 꾸밀 수도 있고, 실질적인 측면에서 방어 정면을 120km나 줄일 수 있는 장점이 있었다. 그러나 당시 스탈린은 옹진에서의 도발을 허락하지 않았었다.

북한이 가지고 있는 또 다른 방법은 빨치산을 활용하는 것이었다. 1949년 10월 4일 슈티코프는 북한의 전쟁 승인 요구와 옹진에 대한 공격 계획을 거절하는 소련의 결정을 통보하였다. 소련의 반응 가운데 한 가지는 빨치산 활동을 강화하라는 것이었는데 한국의 상황에 대하여 인민들이 불만을 갖게 하고 이승만 정부를 전복시킬 수 있는 여건을 조성하라고 하였다. 김일성으로서는 이를 수용할 수 밖에 없었다.[117)] 아울러 이미 북한은 남한에서 폭동을 일으킬 유격대원을 양성하여 남파하고 있었다. 김일성은 스탈린과 1949년 3월 면담하면서 남조선에는 강력한 빨치산 부대의 지원이 있다고 하였는데 그의 발언을 뒷받침하는 남파 유격대원들이 1948년 여순사건 이후부터 활동하기 시작하였다.

북한의 첫 인민유격대는 1948년 11월 14일 양양의 오대산 지구로 침투하였다. 이들은 대부분 한국군 토벌대에 의해 소탕되었다.

116) 같은 책, pp. 66-67.
117) 박명림, 『한국전쟁의 발발과 기원 I』, pp. 126-127.

두 번째 유격대는 400명 규모로 반년이 지난 시점인 1946년 6월 1일 투입되었다. 이들 역시 오대산으로 진출하였는데 대부분 토벌되었다. 북한은 제3차 부대를 다음 달인 7월 6일 투입하였는데 이 부대 역시 한국군에 의해 조기에 토벌되었다. 세 차례에 걸친 유격대 파견이 실패로 끝나자 북한은 제주 4.3사건을 주도하고 월북한 김달삼을 주축으로 한 제4차 부대 300명을 한 달 뒤인 8월 4일 일월산으로 침투시켰다. 이들은 경북의 보현산 일대에 유격 근거지를 구축하여 활동을 지속하고자 하였으나 상당수가 토벌되었다. 북한은 이후 용문산 지역에 수십 명을 2차에 걸쳐 파견하였으나 역시 실패하자, 강동정치학원 원장 이호제가 직접 지휘하는 7차 유격대 360명을 8월 17일 태백산으로 남파하였다. 이들 병력의 대부분은 토벌되었으나 일부가 김달삼 부대의 잔류 병력과 합류하였다.[118]

이 시기 북한의 유격대 남파는 전반적인 전쟁 계획의 일부로 수행된 것으로 이해되어야 한다. 1948년 말에 남파된 첫 유격대를 제외한 나머지 유격대의 경우 시기적으로 김일성과 박헌영이 슈티코프 및 툰킨에게 남침의 승인을 요청하는 시기와 일치한다. 앞서 보았던 대로 북한의 지도자들은 슈티코프에게 1949년 8월 12일과 14일에, 툰킨에게는 9월 3일 왕성한 빨치산 활동을 설명하며 북한의 남침 필요성을 호소하고 승인을 요구하였다. 특히 슈티코프에게는 38선 부근 강원도 삼척에 해방구를 건설하는 것을 제안하였다. 이에 부응하여 소련에서 김일성과 박헌영의 요구를 검토하며 확인하였던 것의 한 가지도 빨치산의 활동 상태 및 개전 시 빨치산의 실질적인 협조 여부였다. 요컨대 김일성은 먼저 유격대를 보내어 해방구를 건설케 조치하였고 소련에서 전쟁 여건을 평가 할 때 남한 내 빨치산 활동이 중요한 척도임을 알고 이에 대비하고자 한 것이다.[119]

118) 양영조, 『남북한 군사정책과 한국전쟁』 (서울: 한국학술정보, 2007), pp. 167-168.

119) 박명림, 『한국전쟁의 발발과 기원 I』, pp. 120-123.

북한은 전쟁 여건을 조성하기 위하여 지속해서 유격대를 남파하였다. 소련 공산당 중앙위원회가 남침을 금지하고 빨치산 활동을 권장하였던 대로 북한은 9월 28일과 11월 6일에 150명에 달하는 유격대를 남파하였으며 이들은 김달삼 부대와 합류하였다.[120] 그리고 북한 당국은 10월 2일 남로당 게릴라들에게 도시 지역을 목표로 공격하라는 지침을 하달하였다. 이로 인하여 남로당 게릴라들은 근거지에서 나와서 평야 지대의 촌락을 공격하는 소위 아성 공격을 수행하였다.[121] 북한은 마지막으로 700명으로 구성된 대규모 유격대를 이듬해인 1950년 3월 28일 김상호와 김현무의 지휘 아래 오대산과 방대산으로 남파하였다. 이들 역시 국군의 토벌에 의해 소멸되었다.[122] 스탈린으로부터 전쟁에 대한 승인을 얻어내자 북한은 더 이상 유격대를 남파하지 않았다. 아마도 이는 본격적인 전쟁에 앞서 불필요한 문제를 피하기 위한 방책이었을 수도 있다.

북한은 남침을 위한 군사력을 1949년부터 급속도로 증강하였다. 1949년부터는 자원입대제도를 강제징집제도로 전환하였다. 그리고 모든 고급중학과 대학에 장교를 배치하여 학생들에게 군사훈련을 실시하는 한편 민청훈련소를 설치하여 청장년에게 군사훈련을 실시하였다. 그리고 이 시기 전차부대를 창설하여 땅크여단으로 확장하였으며 전문적인 유격대 양성 부대인 제766보병 연대를 창설하기도 하였다. 북한군의 훈련수준도 비약적으로 향상되었다. 북한군은 연대급 작전에 많은 중점을 두어 부대 훈련을 실시하였으며 특히 1949년 6월에는 황주에서 군단 및 사단 지휘 훈련까지 실시하였다. 그해 겨울 동계훈련에서는 모든 사단급 부대들이 소련군 고문들과 총참모부로부터 검열을 받았는데 대부분의 부대들이 합격점을 받았다.[123] 아울러 1949년 말부터는 고급 제대의 참모 역량을 강화하기

120) 양영조(2007), pp. 168-169.
121) 박명림, 『한국전쟁의 발발과 기원 I』, pp. 128-129.
122) 양영조(2007), p. 169.
123) 김광수, “한국전쟁 전반기 북한의 전쟁수행 연구: 전략, 작전지휘 및 동맹관계,” 경남대학교 북한대학원 박사학위 논문(2008), p. 70

위하여 사동의 군관학교에 참모과정을 설치하여 6개월 과정의 군단 및 사단 참모과정을 운영하였다.[124)]

1949년 북한의 지상군은 국공내전에서 풍부한 실전경험을 축적한 2개의 보병사단을 흡수하였다. 북한은 중국으로부터 현역으로 활동 중인 한인 사단을 그대로 인계받았던 것이다. 중공군 166사단이 북한군 제6사단으로 1949년 7월 25일 재편성되었고, 중공군 제164사단은 1949년 8월 초 북한군 제 5사단으로 편입되었다. 이어서 중공군 독립 제15사단은 1950년 4월 인민군 제12사단으로 개편되었다.[125)] 실전 경험이 풍부한 이들 사단을 편입함으로써 북한군의 실질적인 전투력은 비약적으로 증가하였다.

북한은 1950년 3월부터 마지막 전력 증강에 박차를 가하였다. 먼저 북한은 6월까지 3개의 민청훈련소를 주축으로 제10, 13, 15사단을 편성하여 10개 보병사단 체제(1, 2, 3, 4, 5, 6, 10, 12, 13, 15)를 완성하였다. 그리고 이 시기 도입된 전차로 독립전차 연대를 편성하여 모두 240여 대의 T-34 전차를 보유하게 되었다. 또한 해군은 소련으로부터 대소 함정 35척을 지원받아 3개 위수사령부를 편성하였고, 공군은 소련으로부터 전투기 100대, 폭격기 30대, 정찰기 20대를 받아 1개 비행사단을 조직하였다.[126)]

전쟁 준비의 막바지 단계인 1950년 봄에 북한은 스탈린이 약속한 풍부한 군사지원을 받았다. 북한은 1950년 4월부터 1억 2천에서 3천만 루블 상당의 군사 물자를 요청하였는데 육로와 해로를 통하여 6월까지 100대의 T-34 전차, 60대의 자주포, 60대의 IL-10 폭격기, 다수의 곡사포와 박격포, 대공포 및 탄약이 북한에 공급되었다. 아울러 소련의 특별 군사 사절단은 전시 유류 부족에 대비하여 루마니아로부터 휘발유 10만 톤을 수입하여 비축하였다.[127)]

124) 같은 논문, p. 71.
125) 한용원(2008), p. 308.
126) 국방부 군사편찬연구소(2004), pp. 587-592.
127) 같은 책, pp. 562-563; 김국헌, "북한의 6·25남침 결정과정," 『군사』 제24호 (1992), p. 237.

북한의 지도자들은 4월 말에 당 중앙위원회 정치위원회 확대회의를 개최하고 전쟁 준비에 필요한 조치들을 논의하였다. 이 회의에서는 병력 충원을 위한 인력 동원, 남한 봉기를 위해 개전 이전에 빨치산을 침투시키는 것, 남한 점령지역 통치를 위한 도별 행정 요원 준비, 무력 통일을 위한 평화통일 공작, 그리고 전쟁 지도 기구로서 '최고군사위원회' 조직이 논의되었다. 이 회의에서 최용건이 미국의 개입 가능성을 제기하였는데 이승엽이 이를 비겁하다며 질타하였고 결과적으로 무시되었다.[128] 이미 미국의 참전 가능성은 김일성과 박헌영에 의해서 제외되어 있었던 것이다. 특기할 만한 것으로 이 회의의 결정으로 인해 1950년 5월과 6월 사이에 기존에 남파된 김달삼 부대 등 유격대가 다시 북으로 귀환하여 재차 남파되었고, 월북하였던 남로당 게릴라들이 임무 지역으로 파견되었다.[129]

북한 지도부는 비록 전쟁을 지속하기 위해 인력을 동원하겠다는 구상은 하였으나 현대 전쟁이 국가의 모든 역량이 동원되는 총력전이라는 개념을 정확하게 이해하지 못하였다. 이러한 현상은 북한 지도부 내에 초반에 전쟁이 단기전으로 끝날 것이라는 전망이 지배적이었던 것과 이들이 전쟁의 도발을 은폐하고자 수행하였던 노력과 연관이 있다. 1950년 6월 10일 열린 최고지도부회의에서 총참모장은 전쟁이 2주일 정도면 종료될 것으로 설명하였다.[130] 실제 북한군은 단기전에 대한 예측에 따라 전쟁 전 병사들의 휴대 물품을 극도로 제한하였다. 전쟁 개시 전 북한군은 1개 분대에 모포 1매, 3인당 식기 1개를 휴대할 수 있었고 개인적으로 휴대할 수 있었던 것은 비상용 식량, 로동화 1켤레, 세면도구, 그리고 예비 발싸개 등이었다.[131]

북한은 장교들에게 개전 사실을 전쟁 직전에야 알렸을 정도로 전쟁을 은폐하였으며 전쟁의 명분 역시 남한이 북침한 것에 대한 응징으로 주장하였다. 앞서 보았듯이 북한은 전쟁을 위하여 끊임없이

128) 김광수(2008), pp. 116-117.
129) 박명림, 『한국전쟁의 발발과 기원 I』, pp. 369-376.
130) 같은 책, p. 357.
131) 같은 책, pp. 425-426.

남한의 도발을 유도하려 하였다. 남침을 하면서도 먼저 공격받아 반격한다는 정당성을 얻고 싶어 했다. 박명림의 연구에 의하면 북한 노동당 중앙당 선전부는 1950년 6월 24일 저녁 8시에 다음 날 아침에 발행될 『민주조선』에 "금조 미명에 남조선 괴뢰군대는 38선 전역에 걸쳐서 … "라는 '남한의 북침'기사를 전달하며 글자 크기까지 지정하면서 1면 머리기사로 실을 것을 요구하였다. 『민주조선』은 최고인민회의 상임위원회와 내각의 기관지였다. 더욱이 중앙당 선전부는 평상시보다 늦은 7시에 『민주조선』을 배부하도록 하였다. 북한은 그들이 만들어낸 '남한의 북침'에 대한 '반격 작전'의 시간을 감안하여 거짓을 담은 신문의 발간 시기까지 조정한 것이다. 북한은 불의의 '북침'을 가장하기 위하여 그날 전국 여러 시군에서 체육대회를 개최하였다.132)

북한이 전쟁 전에 국가적인 동원을 포기하였던 것은 북한의 전쟁 수행에 부정적인 영향을 미쳤다. 북한은 군사작전의 개념으로 속도전을 상정하였다. 속도전은 압도적인 군사력의 차이가 존재하여야 구현할 수 있다. 속도전에서 중요한 요소 가운데 한 가지는 공격 속도의 유지인데 이는 예비대의 적절한 투입에 의해서만 가능하다. 이를 달성하기 위해 북한은 처음 전쟁에 투입하였던 10개 사단만이 아니라 더 많은 사단들을 보유하였어야 했는데 그러자면 광범위한 국가 차원의 동원이 시행되었어야만 했다. 북한은 사실 1949년 6월부터 '군사등록 사업'을 시행하였다. 북한 내무성은 국민 총동원에 대비하기 위해 18세부터 30세까지의 모든 남자들이 빠짐없이 신체검사를 받도록 하였고, 31세부터 50세 사이의 남자들은 신체검사는 면제되었으나 군사등록의 대상이었다.133) 그러나 북한은 속도전에 자신이 있었던지 정작 등록된 자원들을 훈련하고 군대로 편성하지 않았으며 제한된 사단만으로 전쟁을 개시하였다.

132) 같은 책, pp. 451-452.
133) 김광수(2008), pp. 51-52.

4. 북한의 초기 전쟁 지도

북한은 개전 직후 전시 국가 지도를 원활하게 수행하기 위하여 군사위원회를 조직하였다. 김일성이 위원장을 맡았으며 당 부위원장 겸 내각 부수상인 박헌영을 비롯하여 당, 정, 군의 핵심인물 일곱 명이 참여하였다.[134] 북한은 6월 27일 전시상태를 선포하였으며 지방 행정을 지방군정부(地方軍政府)가 담당하도록 하여 군정을 개시하였다.[135] 지방군정부는 전쟁을 위하여 주민의 거주와 이동을 통제하고 필요한 물자와 인원을 징발할 수 있는 광범위한 권한을 부여받았다.[136] 북한은 남침 직후 전국적인 차원에서 전쟁을 수행할 수 있는 태세를 확립한 셈이다.

북한은 군사작전 지도를 위하여 일부 조직을 개편하였다. 남침 시기부터 인민군 총사령부는 평양 근교 서포의 자연 동굴에 있었는데 각 사단에 대한 명령은 총사령부에서 하달하였으며, 원활한 전쟁 지도를 위하여 남침 다음 날 철원에 총사령부 전방 지휘소를 설치하였다. 아울러 인민군은 상황 종합과 일부 조정 권한을 보유한 작전조를 조직하였다. 작전조는 군단과 동일한 기능을 갖고 있지는 못하였으나 남침 당시 인민군들은 이를 군단으로 이해하기도 하였다. 제1작전조는 김웅이 지휘하였으며 연천에 위치하여 서부전선의 부대들을 관할하였고 제2작전조는 김광협의 지휘 아래 화천에서 동부전선의 작전을 통제하였다.[137]

북한군은 소련군의 원격 통제를 받으며 작전을 전개하였다. 스탈린은 소련의 전쟁 개입을 은폐하기 위하여 소련의 군사고문관들이 38도선 이남으로 내려가지 못하도록 하였는데, 이들에 의해 북한군 부대의 작전이 통제되었다. 북한군 고위 간부들은 전쟁 지휘능력이

134) 박명림, 『한국 1950 전쟁과 평화』, pp. 80-82.
135) 같은 책, p. 82.
136) 같은 책, p. 82
137) 김광수(2008), p. 150.

부족하여 전쟁의 전반적인 국면에 적극적으로 개입할 수 없었다. 이러한 정황은 북한군이 서울을 점령한 뒤 김일성이 총참모장인 강건에게 서울에 지휘소를 설치하라고 하였을 때 소련 군사고문이 없이는 가지 못하겠다고 한 행동에서 잘 드러난다.138)

북한의 전쟁 지도 체계는 초기부터 원활하게 작동하지 못하였다. 공격하는 각 사단을 총사령부에서 중간 지휘제대를 거치지 않고 일괄적으로 지휘하는 것은 어려운 일이다. 또한 이러한 지휘방식은 효율적인 원거리 지휘통신망이 제대로 갖추어져야만 작동할 수 있었다. 결과적으로 북한군은 총사령부에 지나치게 집중된 지휘권과 불비한 통신 여건으로 인해 원활한 작전 지휘를 하지 못하였다. 북한군의 작전행동을 분석한 소련 군사고문단장 라주바예프(V. N. Razuvaev)의 보고서는 개전 초기에 나타난 북한군의 과오 가운데 가장 우선적으로 이 문제를 지적하고 있다.139)

북한군 지휘구조상의 문제는 지휘관들의 자질 없는 행동으로 악화되었다. 동부 지역에서 작전하던 제12사단장과 1경비 여단장은 상당 기간 예하 부대들의 상황을 파악하지 못하고 전투 중에 적절히 통제하지 못하였다. 장교들이 스스로 결심하고 판단하는 능력이 부족하여 제2사단과 12사단의 경우 장교들이 상급 지휘관의 명령이 없으면 아무 행동도 취하지 못하는 경우가 자주 발생하였다.140)

북한군이 초전에 범한 가장 대표적인 실수는 서울에서 시간을 낭비한 것이었다. 이 문제를 심층적으로 분석한 김광수에 의하면 김일성의 개입이 이를 초래하였다. 북한군의 남침 전 소련 군사고문단은 초기 작전에서 세 가지 중요한 목표를 제시하였는데 그것은 수원선 이북에서 한국군 주력을 섬멸하는 것, 서울의 조기 점령, 그리고 한강 상의 교량 점령이었다. 한강상의 교량을 점령하는 것은 제2단계 작전으로 신속히 전환하기 위하여 반드시 필요한 과정이었으며 이

138) 김광수(2008), p. 151.

139) 국방부 군사편찬연구소(2001), p. 182.

140) 같은 책, p. 183.

목표는 제105 땅크여단의 1단계 작전 목표로 부여되었다.[141)]

그런데 남침 초기에 북한군이 거둔 파격적인 승리로 인해서 소련 군사고문단이 설정한 목표가 변경되었다. 김일성은 6월 27일 강건에게 직접 연락하여 서울의 중앙청을 비롯한 주요 건물들을 장악하라고 지시하였으며 제105 땅크여단을 서울의 동북쪽으로부터 철도를 연하여 공격하라고 명령하며 서울 진격 시에는 중앙청, 서대문형무소, 마포 형무소, 그리고 방송국 점령에 중점을 두라고 지침을 주었다. 실은 김일성 자신이 그 전날 강건에게 전화를 하여 소련군의 작전계획을 다시 확인했는지 물어보았으며 '한강교 장악'을 상기시켰는데 스스로 다음 날 교량을 장악해야 할 핵심 부대의 임무를 변경하였던 것이다. 강건의 지시에 의해 105땅크여단 전차들은 한강 교량이 아니라 김일성이 지정한 건물들을 점령하고 수감자들을 '해방'시키느라 28일 오전을 소비하였다.[142)]

김일성의 작전명령 변경은 '남로당 20만의 봉기 주장'에 대한 북한 지도부의 인식과 관련이 있을 수 있다. 이는 잘 알려진 대로 박헌영이 김일성과 함께 1950년 4월 스탈린을 만나 주장한 것이다. 김광수는 그의 논문에서 스탈린이 순진하게 이러한 박헌영의 주장을 그대로 믿지는 않았음을 주장하고 있다.[143)] 또한 주의 깊게 살펴보아야 할 것이 1950년 3월까지 남파한 인민유격대의 활동과 그 당시 남로당 게릴라들의 활동이 그다지 성공적이지 않았다는 것이다. 김일성은 후에 박헌영에게 자신은 남로당의 활동을 몰랐었노라고 주장하였지만 박헌영이 대남 공작에 대한 모든 권한을 독점하고 김일성에게 일방적으로 사실을 은폐하였으리라고 보는 것은 무리가 있다.[144)] 그리고 전쟁 개시 전에 북한이 재차 공작대를 파견한 것은 북한 내부적으로 기존의 남로당 활동이 제대로 이루어지지 않았음을 인정하였다는 반증이 된다.

141) 김광수(2008), p. 153.
142) 같은 논문, pp. 164-166.
143) 같은 논문, pp. 113-114.
144) 자세한 논의는 박명림, 『한국 1950 전쟁과 평화』, pp. 318-325 참조.

문제는 이러한 상황에도 불구하고 많은 북한군의 인원들이 서울이 점령된 뒤에 남한에서 봉기가 일어날 것을 기대하였다는 것이다.[145] 그리고 실제 북한군은 서울을 점령한 뒤 대단히 소극적으로 움직이며 적극적인 군사행동을 하지 않았다. 이는 아마도 전략에 대한 모호한 인식에 의한 것으로 생각된다. 즉 김일성을 비롯한 북한의 많은 지도급 인물들이 자신들이 만들어 낸 희망적인 가정에 집착하였고 이를 실행 단계의 가용한 수단으로 오해 한 것이다. 그러나 소련 군사고문관들이 작성한 작성 계획은 이를 반영하지 않고 있었다. 작전명령은 한강교량을 조기에 장악할 것을 요구하였던 것이다.

라주바예프 보고서는 북한군의 이러한 실패를 통렬히 비판하였다. 그는 "공격작전 전 기간 적에 대한 추격이 효과적으로 이루어지지 않았다. 추격 시 부대들은 신속하게 행동하지 않음으로써, 후퇴하는 적이 유리한 지역에서 방어선을 재구축할 수 있었다."고 평가하였다. 특히 서울 지역 작전에 대해서는 "서울을 점령한 후 각 부대가 행한 극단적으로 완만한 행동과 개별부대 지휘관들의 임무 유기로 인하여 적은 한강을 도하하고 교량을 파괴하였으며 남쪽 강변에 방어선을 조직하여 조선인민군의 진격을 늦출 수 있었다."고 지적하였다. 소련 군사고문단으로서는 북한군의 행동에 대해 불만이 많은 1단계 작전이었을 것이다. 많은 경우 전략은 수립자와 수행자 상호간의 불분명한 이해로 인하여 차질을 일으킨다. 6·25전쟁 초기 북한군은 이전부터 지니고 있던 남로당원 20만 봉기라는 희망적 기대에 경도되어 실제 계획상에 채택된 수단을 무시하고 돌발적으로 계획을 변경하였고 이것이 초전의 중요한 실수를 불러왔던 것이다.

145) 같은 책, pp. 318-325. 군사적 측면에서 북한의 전쟁수행을 분석한 연구로 류제승, 『6·25 아직 끝나지 않은 전쟁: 북한, 소련, 중국의 전쟁기획과 수정』 (서울: 책세상, 2013) 참조.

5. 북한의 군사전략

대규모 전쟁의 경험이 없고 미국을 상대해 본 적이 없는 김일성 및 북한군 지도부를 대신하여 스탈린이 파견한 소련 군사고문관들은 북한군의 남침을 위한 전략을 수립하였으며, 이를 계획으로 발전시켰다. 북한군의 작전 계획을 작성한 주체는 바실리예프 중장을 주축으로 한 소련 군사고문관 가운데에서도 포스트니코프(Postnikov) 소장이었다. 유성철의 증언에 의하면 포스트니코프는 북한군이 기존에 작성해 놓은 계획을 살펴본 후 3,4일 만에 3단계로 이루어진 전혀 다른 전투명령을 작성하였다. 작전 계획을 담은 문건의 제목은 '선제타격계획'이었으며, 포스트니코프는 지상군 계획만이 아니라 해군 및 공군을 포괄한 작전을 계획하였다. 공격 명령이 작성된 이후 강건의 지시에 따라 유성철을 포함한 몇몇이 러시아어로 작성된 명령을 번역하여 김일성에게 보고하였다.[146)]

북한군이 건네받은 선제타격계획은 기만과 속도전을 핵심 개념으로 수립된 계획이었다. 소련 고문단은 스탈린과 김일성 사이에 논의되었던 대로 옹진반도 지역에서 국지적인 도발을 자행하여 한국군이 반응하게 하고 마치 한국군이 도발한 것으로 가장하여 전국을 전면전으로 변환시킨 뒤 서울 부근에서 38도선을 연하여 배치된 한국군 주력을 격멸하고 신속하게 한반도의 종심으로 진출하는 남침계획을 수립하였다. 이 계획은 6월 15일 작성이 완료되었으며 전체적인 작전 지속 기간은 한 달로 설정되었다.[147)]

6월 15일 소련 고문단이 작성한 계획을 보고 받은 김일성은 전쟁수행 전에 작전 계획을 수정하였다. 그는 6월 21일 스탈린에게 남한 방송과 정보 보고를 근거로 남한이 북한의 계획을 인지하고 있는 것 같다는 의견을 개진하고 옹진반도에서의 국지전을 생략하고 6월 25일 당일 전 전선에서 전면전을 실시할 것을 건의하였다.[148)]

146) 『서울신문』, 1992.6.23; 김광수(2008), p. 118에서 재인용.
147) 예프게니 바자노프·나딸리아 바자노프, 김광린 역(1998), p. 74.

이에 대해 스탈린은 같은 날 김일성의 건의에 동의한다는 답신을 발송하였다.[149] 실제 전쟁 역시 김일성이 제안하였던 대로 전 전선에 걸친 기습으로 시작되었다. 이에 따라 북한군의 남침 계획은 시행 직전에 4단계로 조정되었다. 라주바예프의 기록에 의하면 1단계는 분계선 전투로부터 한국군 주력을 격멸하면서 수원-원주 선까지 진출하는 것이며, 2단계는 한국군 예비 전력을 격파하여 천안-제천 선까지 전진하고, 3단계는 후퇴하는 한국군을 추격하여 대전-선산 선을 점령하며, 4단계는 서해안 축선으로 전진한 부대가 부산으로 남해안을 따라 기동하며 나머지 축선에서 밀려난 한국군을 괴멸하는 것으로 구성되어 있다.[150]

1992년 러시아군의 군사 연구가인 코르트코프가 공개하고 연합통신이 8월 29일 입수하여 현재까지 북한군의 공격 계획으로 알려진 공격 요도는 6월 15일 소련 군사고문단에 의해 수립된 공격을 도식한 것으로 보인다. 일부 연구는 이 요도가 6월 15일 자 계획이 아니라 김일성이 한국군에게 계획이 노출될 것을 염려하여 옹진에서의 국지전을 생략하고 전 전선에 걸친 전면전으로 전환한 6월 21일의 계획일 것으로 추정하고 있으나[151] 몇 가지 정황으로 보았을 때 6월 15일 자 계획의 도식 부분으로 생각된다.

6월 21일 자로 승인된 계획은 라주바예프가 1950년 11월 14일 모스크바에 보고한 4단계로 구성된 작전 계획이었다. 소련 고문단은 옹진에서의 국지전 국면을 배제한 내신 전세직인 종심상의 공격 행동을 4단계로 구분하였다. 그 가운데 4단계 행동은 서해안을 따라

148) 같은 책, pp. 75-76.
149) 같은 책.
150) 블라지미르 니꼴라예비치 라주바예프 저, 국방부 군사편찬연구소 역(2001), p. 137.
151) 정병준, 『38선 충돌과 전쟁의 형성』 (서울: 돌베개, 2009), pp. 534-539. 정병준은 6월 15일 작성 계획의 중요 부분인 국지전 단계가 명시되어 있지 않은 것을 들어 이 요도가 6월 21일 계획을 반영하고 있다고 주장하고 있다. 하지만 공격 계획을 작성할 경우 국지전 국면은 별도로 작성할 수 있으며 그렇지 않더라도 서식 부분에서 풀어서 설명하는 방식이 가능하다.

전진한 부대가 남해안을 따라 기동하여 부산으로 공격하고 내륙과 동해안에서 전진하던 부대와 함께 마지막으로 한국군을 괴멸시키도록 계획되어 있었다.[152] 코르트코프가 제시한 요도에는 이 4단계의 행동이 나타나 있지 않다. 4단계의 행동은 6월 15일 자 계획에는 나타나 있지 않은 특징적인 요소이며 한국군을 서울 부근에서 격멸한 뒤 재차 추격하여 부산 인근에서 격멸하겠다는 의도를 지니고 있다. 이러한 행동이 요도로 도식되어야 하는데 코르트코프의 요도에는 나타나 있지 않은 것이다.

6월 15일의 공격 계획과 6월 21일의 계획은 기본적으로 동일한 의도 아래에서 작성되었으나 일부 다른 성격을 지니고 있다. 전자는 국지전을 먼저 시작하여 전쟁 개시의 명분을 얻고자 하였으나 후자에서는 이러한 목적이 배제되었다. 후자의 계획이 사실은 기습을 달성하는 데 훨씬 유리하였다. 한국군은 옹진에서 대규모 접전을 벌이게 되면 경계 태세를 강화하였을 것이기 때문이다. 그리고 후자는 공자에게 좀 더 여유 있는 작전 기간을 줄 수 있었다. 국지전을 위해 따로 시간을 할당할 필요가 없어졌기 때문이다. 이것이 작전을 4단계로 확정한 이유로 생각된다. 전자는 종심 작전을 주요 항구와 도시를 점령하는 것으로 단순하게 정하였는데 후자는 한국군을 확실히 격멸하기 위한 마지막 대규모 우회기동까지 추가하였던 것이다.

북한군의 남침 계획에 드러난 전반적인 군사전략은 미군이 설령 개입하려고 시도하더라도 물리적으로 개입할 수 없도록 신속하게 전쟁을 종결짓는 것이었다. 라주바예프는 3단계까지의 북한군 작전 기간을 19일로 제시하였다. 4단계 작전 시한을 명시하지는 않았지만 이전 계획을 고려해 보면 전체 작전 기간은 한 달로 유지되었을 것이며 마지막 단계에서의 작전 시한은 10일 내외로 부여되었을 것으로 추정된다. 동시에 소련 군사고문단은 전쟁 초반부에 서울의 한강 이북에서 일차 포위로 서부전선의 한국군 주력을 소멸하고 수원

152) 블라지미르 니꼴라예비치 라주바예프 저, 국방부 군사편찬연구소 역(2001), p. 137.

지역에서 재차 포위하여 전선에 배치된 한국군 주력을 격멸하며 최종적으로 부산 일대에서 잔여 한국군을 괴멸시키는 섬멸전을 구사하고자 하였다.

아울러 소련 군사고문단은 미군의 개입을 거부하기 위하여 해군작전을 시도 하였다. 김광수의 연구에 의하면 북한군은 미군의 개입을 방지하기 위한 노력으로 전쟁 초기에 부산을 점령하고자 하였다. 개전 당시 소련의 연해주 군관구에 근무하던 레오니드 바신은 북한 전쟁 계획의 중요한 요소로 개전 첫날 대규모 상륙 부대로 부산을 탈환하고 육군은 계속 돌파하여 서울을 포위 점령하는 것이었다고 주장하고 있다.[153] 그의 설명은 북한군 특수부대가 부산항 점령을 위해 실제 기동하여 한국 해군 백두산호에 의해 격침된 사실과 부합하고 있어 의미가 있다.

속도전과 섬멸전이 초기 북한군 군사전략의 핵심이었으나 이는 원만하게 수행되지 못하였다. 앞서 설명하였던 대로 수원-원주선에서 1단계의 두 번째 포위가 이루어졌어야 했으나 한국군 제6사단의 선방으로 북한군을 이를 달성하지 못하였다. 이후 6사단은 중부 내륙 지역에서 지연전을 전개하면서 중요한 승리들을 거두어 북한군의 공격을 효과적으로 저지하였다. 아울러 미군의 개입을 거부하려는 시도 역시 한국 해군의 선전으로 실패하였다.

실질적인 군사전략의 수행을 염두에 두고 보았을 때 북한군의 전력에는 몇 가지 치명적인 약점들이 존재하였다. 무엇보다 심각하였던 것은 도하 장비의 부족이었다. 방공 무기의 부족이라든가 공군조종사의 부족은 북한이 처음부터 한국군만을 상대로 전쟁을 상정하였음을 가정한다면 수긍될 수 있지만 도하 장비의 부족은 다소 이해 될 수 없는 부분이다. 소련 고문단이 신속한 전진을 골자로 공격 계획을 수립하였고 김일성 역시 미국이 도달하기 전에 전쟁을 끝내고자 하였음에도 동서로 흐르는 하천이 발달한 남한 지역을 공

153) 김광수(2008), p. 125; 레오니드 바신, “날조된 영웅 김일성,” 『신동아』 1992년 11월호, p. 499.

격하며 단 한 개의 부교대대를 보유하였다는 것은 쉽사리 납득이 가지 않는다.[154] 계획 단계에서 한국군 전력이 얼마나 낮게 평가되었는지 짐작되는 부분이다. 아마도 공격 계획대로 한국군이 최초부터 완전히 격멸되었다면 북한군은 도하 장비로 인한 어려움을 겪지 않았을지도 모른다. 이는 또한 소련 고문단이 한국군 주력을 수원-원주 선에서 격멸하는 것을 대단히 중시하였음을 방증하는 것이기도 하다.

6. 북한의 전쟁수행 전략

북한의 6·25전쟁은 남한 전 지역까지 그의 통치 범위를 넓히겠다는 개인적인 욕망에서 시작되었다. 그의 욕망은 소련 군정이 설립한 북한 지역에서 사회주의 체제의 순조로운 건설에 의해 추동력을 얻게 되었다. 일본 제국주의 강점기에 소규모 항일 투쟁을 하였던 그에게는 소련이 마련해 준 북한의 역량을 동원하여 남한 지역에서 혁명을 완성하는 것이 자연스러운 절차로 이해되었을 것이다. 김일성은 이를 위하여 스탈린의 허락을 얻고자 하였으며 소련의 추가적인 지원을 받고자 하였다. 외세의 일방적인 손길에 의해 수립된 정권의 수장이 국제 정세는 물론 현대 전쟁을 이해하지 못하는 가운데 단순한 욕망에 이끌려서 성급히 내린 결정이었다. 정부 수립이 이루어진 해에 제시된 국토완정의 목표는 신생 정권의 지향점으로서 그렇다고 치더라도 그 이듬해 신년사에서 이것이 중점적으로 강조된 것은 지나치게 성급한 것이었다. 적어도 북한은 체제를 공고히 하고 내적인 발전을 도모할 시간이 필요하였다.

김일성은 이를 위해 철저히 스탈린을 의지하였다. 김일성은 소련의 원조만을 받기 원하였다. 비록 스탈린의 요구에 의해 1950년 5

154) 김광수(2008), p. 77.

월 13일 중국을 방문하여 마오쩌둥의 동의를 득하였고 그 전후에 중국 공산당군에서 활약하던 조선인 사단을 양도받았지만 중국이 북한의 남한 정복에 개입하는 것은 싫어하였다. 중국이 한반도 석권 이후에 영향을 미칠 것을 예방하고자 한 것이었다. 이 때문에 전쟁 초기 북한과 중국 사이에는 상호 전쟁에 동의하고 중국이 미군이 참전할 경우의 원조도 제안한 사이였지만 뚜렷한 군사 교류가 존재하지 않았다. 중국 지도부는 북한이 자신들의 조언을 듣지 않았다고 소련에 하소연하였고 북한으로부터 전쟁에 관해 아무런 정보를 얻을 수 없었다고 불평하였다. 초기 전쟁은 순전히 북한과 소련에 의해 계획되었고 치러졌다.

미국의 6·25전쟁 개입은 북한 지도부의 전쟁 지도에 중대한 변수로 작용하였다. 비록 초기 승리의 관성에 의해 인민군 사단들이 남진을 계속 할 수는 있었지만 미군의 항공 전력이 본격적으로 투입되면서 인민군 부대는 낮에 거의 움직일 수 없게 되었다. 대부분의 도로와 철도가 미군의 공습으로 인해 파괴되어 전선으로 필요한 물자를 원활하게 공급할 수 없었다. 또한 처음부터 빈약한 해군력으로 인해 일찌감치 동서 해안이 유엔군 해군에 의해 봉쇄되어 해로를 통한 인력이나 물자의 이동 역시 불가능하였다. 반면 전선에 투입되는 미군은 증가하였고 한국군 역시 초기의 혼란을 겪은 뒤 재편성을 거쳐 점차 안정적인 전투력을 발휘하게 되었다.

김일성은 미국의 개입에 의해 전쟁의 성격이 달라졌다는 것을 이해하였다. 바자노프 부부가 공개한 소련 외교 문서집에는 이러한 김일성의 심경이 담긴 1950년 7월 2일자 전문이 수록되어 있다. 전문은 인민군의 성공으로 인하여 고무되었던 사기가 미군 항공기들이 북한 지역에까지 공습을 하면서 정치적으로 사기가 다소 저하되었다고 묘사하고 있다. 김일성은 미군의 개입에 즈음하여 총력전을 구상하였다. 전문에 의하면 김일성은 총동원 징집령을 선포할 것을 계획하고 있었다. 아울러 그는 추가적인 군사력 건설을 희망하였다. 적어도 김일성은 미국을 상대하면서 기존의 전력만으로는 부족하다는 것을 절감하였던 것이다.[155] 김일성은 7월 3일 슈티코프를 만난 자리에서 추가적인 2개 사단과 12개 대대, 그리고 경찰 예비대를 무장시킬 수 있는 장비의 지원을 요청하였다.[156]

김일성은 미군을 상대하게 되면서 몇 가지 필요한 사항들을 고려하였다. 그는 작전적인 측면에서 전진 속도를 높일 것을 다시 추구하였으며 후방지역 방어에 대해 관심을 갖게 되었다. 아울러 보다 효율적인 작전 지휘구조를 유지하고자 하였다. 미군이 개입하기 시작한 이상 신속히 공격 부대를 전진시키는 것은 당연한 일이었다. 미군의 지상군이 대거 투입되기 이전에 승세를 굳히는 것이 무엇보다 중요한 작전적 목표로 부각되었기 때문이다. 나아가 상륙작전과 공정작전 능력을 가지고 있는 미군을 상대하자니 자연스럽게 후방지역에 대한 방비를 강화할 수밖에 없었다. 이러한 목적들을 달성하기 위하여 지휘구조 역시 개편되어야 했다.

지휘구조의 개선 문제는 좀 더 다른 성격도 지니고 있었다. 현대의 대규모 전쟁을 치른 미군 지휘관들을 상대하기 위하여 김일성은 보다 효율적이고 능력 있는 지휘체계를 보유하여야만 했다. 소련인들은 김일성으로 하여금 최고사령관을 맡게 하고 전선사령부를 설치하여 사령관에 김책, 참모장에 강건을 임명하며 1집단군(군단)은 김웅이 지휘하고 2집단군(군단)은 무정이 지휘하도록 제안하였다. 이는 개전 초기의 느슨한 형태의 분권 조직과는 다른 본격적인 작전 지휘 기구의 성격을 지니고 있었다. 김일성은 이를 그대로 수용하였다. 아울러 김일성은 각 집단군에 소련군 고문들을 배치해 줄 것을 스탈린에게 간청하였다. 그는 "조선군 간부들이 아직 현대적 군대를 지휘하는 기법을 충분히 익히지 못하였기 때문"이라며 전선사령부 본부와 2개 집단군에 25-35명의 소련 군사고문단을 요청하였다.[157] 스탈린은 사태의 심각성을 인지하여 38도선 이남으로 소

155) 소련군 총참모부 제8국, 암호 전문 제405809호, 1950.7.2., 예프게니 바자노프·나딸리아 바자노프, 김광린 역(1998), pp. 78-79.

156) 소련군 총참모부 제8국, 암호 전문 제405840호, 1950.7.4., 같은 책.

157) 소련군 총참모부 제8국, 암호 전문 제405976/sh호, 1950.7.8., 같은 책, p.82.

련 고문단의 이동을 금지하던 이전의 지침을 철회하고 이를 승인하였다.[158]

북한이 나름대로 체질을 개선하는 조치를 취하였으나 북한으로서는 미군을 상대로 승리를 거둘 수는 없었다. 게다가 시간이 지날수록 한반도로 전개하는 미군의 수가 증가하고 북한군 및 북한 지역에 대한 공습의 빈도가 증가하였다. 김일성은 절망적인 상황을 맞아 스탈린에 대한 의존도를 높였다. 이것은 미군을 상대하기에 터무니없이 부족한 역량을 지닌 북한으로서 선택할 수 있는 유일한 방법이기도 하였다. 그는 단순한 원조 관계를 넘어 스탈린에게 "정신적 지지를 받으며 아버지와 같은 관심과 도움을 감지"할 정도로 정서적으로까지 의존하게 되었다.[159] 사실 김일성은 스탈린의 8월 28일자 전문을 통해 큰 격려를 받았다. 스탈린은 김일성으로 하여금 낙심하지 않도록 주의 깊은 위로의 뜻을 전한 다음 "김일성 동무는 조선은 이제 혼자가 아니며, 조선을 돕고 있으며 또 계속해서 도와줄 동맹 국가를 갖고 있다는 점을 잊어서는 안 된다."고 강조하였다.[160] 김일성은 이를 통해 스탈린이 자신을 버리지 않을 것임을 확신하였을 것이며 "아버지와 같은 관심"을 주는 스탈린을 더욱 의지하고자 하였을 것이다.

소련의 원조를 요청하는 것 외에 북한이 할 수 있는 것은 자력으로나마 미군의 공격을 지연시키기 위해 얼마 되지 않는 국가적 역량을 동원하는 것이었다. 북한은 국제연합군이 인천에 상륙하고 38도선을 돌파할 상황에 다다르자 스탈린에게 9월 29일 자로 발송된 서한을 통하여 두 가지 구상을 제시하였다. 김일성은 마지막 피 한 방울까지 사용하면서 투쟁하기 위하여 새로운 사단들을 편성하고

158) 김광수(2008), pp. 184-185.

159) 슈티코프가 스탈린에게 북한 측의 서한 내용을 담아 보낸 1950년 8월 31일자 암호 전문 제600047/sh호. 예프게니 바자노프·나탈리아 바자노프, 김광린 역(1998), pp. 84-85.

160) 소련군 총참모부 제8국, 암호 전문 제75021호, 1950.8.28., 같은 책, pp. 83-84.

훈련하는 데 중점을 둘 것이라고 하면서, 이를 위해 한국에서 동원된 십만 명 이상의 병력을 유망한 작전 방면에 활용할 것이라고 밝혔다. 그리고 장기전에 대비하기 위하여 전 주민을 무장시키려 하고 있다고 언급하였다. 김일성은 새로운 사단의 증설과 주민 무장을 마지막 수단으로 고려하고 있었다. 그리고 이 서한에서 김일성은 유엔군이 38도선을 넘을 경우 소련군이 직접 군사 원조를 해 주던가 아니면 중국 등 다른 국가로 하여금 국제의용군을 조직해 달라고 요청하였다.161)

북한은 6·25전쟁에 혁명전쟁의 방식을 도입하였다. 이것은 공산주의 혁명을 추구하는 국가가 지니고 있는 원천적인 특징이기도 하다. 큰 구도에서 볼 때 김일성은 소련의 원조를 통하여 현대적인 군사력을 건설하여 한국군에 대해 압도적인 우위를 달성하였으면서도 전쟁 전에 한국 사회를 혼란시키기 위하여 유격대를 대거 남파하였다. 전쟁의 사회적 차원을 중요시하는 것은 혁명전쟁의 전형적인 특징이 구현된 것이다. 북한이 의도하였던 대로 한국군은 남한 지역에 준동하던 북한 게릴라 토벌에 동원되어 전쟁 발발 전까지 체계적인 교육 훈련을 실시하지 못하였다.

혁명전쟁 방식에 의한 전쟁 지도는 앞서 설명한 서울 점령 이후 봉기를 기다리던 북한군의 행태에서 잘 드러났다. 혁명전쟁은 그 특성상 대중 봉기를 유발하고 이를 활용하는 것을 중요하게 평가한다. 김일성과 북한 지도부는 소련 고문단이 작성한 공격 계획이 신속한 한강 교량 점령과 이를 바탕으로 한 수원 지역에서의 한국군 섬멸을 강조하고 있음을 알고도 서울에서 대중이 봉기하기를 기대하였다. 여기에는 서울 시민들이 북한군 진주를 환영하고 동일한 움직임이 전국적으로 파급되면 전쟁이 승리하리라는 희망 섞인 유격전식 사고가 내재되어 있다. 박헌영은 심지어 1950년 6월 28일 연설을 통하여 봉기하지 않는 남로당원들을 책망하기도 하였다.162)

161) 1950년 9월 30일자 암호전문, 같은 책, pp. 95-96.
162) 하기와라 료, 최대순 역, 『한국전쟁: 김일성과 스탈린의 음모』 (서울: 한국논

북한군은 점령지역 정책에서도 혁명전쟁의 특성을 노정하였다. 일반적인 전쟁이 수반하는 점령정책과 달리 혁명전쟁에서는 피점령자들에 대한 강력한 사상의 일체화가 실시되며 새로운 질서가 구축된다. 북한은 전반적으로 남한 지역을 점령하면서 충분한 보상을 제공하거나 자발적 참여를 기다리지 않고 강제적인 물리력을 동원하여 새 질서를 강요하였다. 점령지역에서 열린 광범위한 인민재판과 이에 기초한 강압적인 통치는 북한의 강제적인 점령지역 정책을 단적으로 보여주었다. 북한은 여기에 민심의 충분한 확보 없이 전쟁을 위해 물자를 동원하고 부족한 병력을 충원하고자 하였다. 결과적으로 북한의 정책은 수탈과 강제 동원으로 점철되어 남한 주민들의 많은 반감을 샀다. 북한군이 남한에서 후퇴할 때 발생한 남한 주민들에 의한 빈번한 공격은 이를 증명한다.[163]

북한군은 유엔군의 공격을 받아 퇴각하면서 혁명전쟁을 수행하는 도구가 되는 인민군대의 개선에 착수하였다. 인민군이 후퇴기에 드러난 군 기강의 문란을 바로잡기 위해 북한은 인민군에 대한 당적 통제를 도입하고자 하였다. 북한은 1950년 10월 2일 총정치국을 설치하였고 그 참모부를 10월 7일 편성하였다. 그리고 10월 21일 노동당 중앙위원회 정치위원회 회의에서 「인민군대 내 당 단체 조직과 정치기구제도 설정」에 관한 결정서를 채택하였다. 이 결정서에 따라 군단, 사단, 군사학교, 그리고 해군에 기존에 활동하던 문화군관 대신 정치군관제가 시행되기 시작하였다. 사단의 경우 중대(포대)에까지 초급당지부가 설치되었다.[164] 북한은 후퇴기의 혼란을 지나며 그들이 주장하는 대로 '혁명의 당'이 주도하는 '혁명의 군대'를 제도적으로 구현하고자 하였던 것이다.

북한은 군대를 개선하는 제도를 정비한 이후 보다 혁명전쟁에 부합하는 방향으로 전환하였다. 김일성은 10월 30일 독로강 회의에서

단, 1995), pp. 266-267.

163) 하기와라 료, 최대순 역(1995), pp. 296-297.

164) 김광수(2008), pp. 287-288.

앞으로의 인민군 작전과 방침을 제안하며 '적후투쟁'을 강조하였다. 항일 유격대식 전술에 의한 전쟁으로 전환한 것이다. 사실 당시의 인민군은 이미 이러한 수준 이상의 작전을 감당할 여력을 지니고 있지 못하였다. 인민군은 청천강 북쪽의 제46, 47, 105땅크사단(전차를 보유하고 있지 못함), 17기계화사단의 4개 사단 32,840명을 보유하였다.[165] 더욱이 중국군이 제2차 공세에서 연합군에 대한 결정적인 승리를 달성하고 전세가 역전된 이후 북한군은 공식적으로 중국 측의 요구에 의해 유격대식 전투를 요구받았다. 중국과 북한 지도부는 조중연합사를 창설하였고 새로이 편성된 북한군 2군단과 5군단이 그 예하에 편성되었다. 중국군 사령원인 펑더화이(彭德懷)는 북한군으로 하여금 전선 종심 지역에서 교란 작전을 수행해 줄 것을 요구하였다. 이후 북한군은 미군과 한국군의 측후방을 대규모로 침투하여 한국군 점령지역에서 후방 부대에 대한 습격을 감행하게 되었다. 북한군이 정면에서 대규모로 정규 작전을 전개하는 중국군을 보조하는 침투 및 교란 부대로 활용된 것이다.[166]

165) 김광수(2008), p. 289.
166) 김광수(2008), pp. 292-296.

1. 1948년 5월 10일 춘천의 38도선에 걸쳐 있는 교량에 스탠클리프 소위가 앉아 있다. (한림대학교 아시아문화연구소 제공)

2. 1950년 6월 13일 채병덕 소장(오른쪽에서 두 번째)이 군사고문단장인 로버트 준장을 방문하여 감사패를 전달하고 있다.

3. 6·25전쟁 직전 덜레스(오른쪽에서 두 번째)가 7사단이 경비하는 38도선을 방문하여 전선을 시찰하고 있다. 그의 뒤쪽에 사단장인 유재흥 장군이 있다.

4. 1950년 7월 노무자들이 포항동에 상륙한 제1기병사단의 물자를 하역하고 있다.

5. 1950년 8월 영천 부근에서 국제연합군 병사들이 박격포를 사격하고 있다.

6. 1950년 여름 시민들이 강줄기를 따라 피난길에 나서고 있다.

7. 1950년 8월 낙동강 전선에서 미군 병사들과 카투사 병사들이 함께 식사를 하고 있다.

8. 1950년 9월 반격이 시작되자 낙동강 상에 부교가 설치되었다.

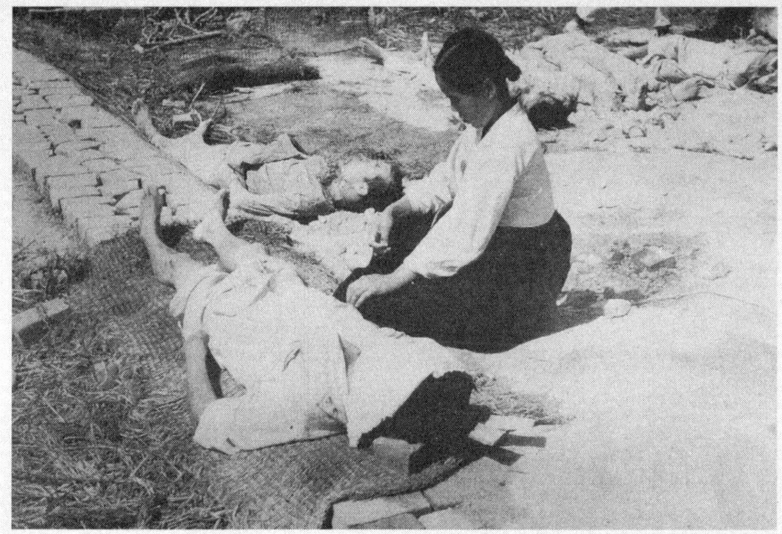

9. 전란 중에 남편을 잃은 여인이 망연히 앉아 있다.

10. 1951년 2월 한국군 5사단 장병들이 미군 187공정연대를 지원하기 위해 불타고 있는 마을을 지나 이동하고 있다.

11. 1951년 2월 20일 유엔군사령관 맥아더 장군(오른쪽)이 알몬드 중장과 대화를 나누고 있다.

12. 1951년 11월 27일 휴전 회담을 위해 판문점에 도착한 유엔군측 대표들이 정렬해 있다. 왼쪽부터 미 공군 하워드 터너 장군, 한국 육군 이형근 장군, 미 해군 터너 조이 제독, R. 리비 제독, 미 육군 헨리 호즈 장군, 미 해군 알레이 버크 제독이다.

제4장 | 미국의 6·25전쟁 참전과 전쟁수행 전략

1. 참전
2. 미국 군대의 현실
3. 6·25전쟁 이전 미국의 안보정책과 전략
4. 미국 정부의 전쟁수행 방침
5. 미국의 초기 군사전략
6. 미국의 전쟁수행 전략

제4장 | 미국의 6·25전쟁 참전과 전쟁수행 전략

1. 참전

6·25전쟁의 발발 소식은 무초(John J. Muccio) 대사가 보낸 925호 전문에 의하여 미국 정부에 알려졌다. 이 전문은 6월 24일 밤 10시 15분경에 해독되어 국무부의 극동 담당관에게 넘겨졌고 관련자들에게 전파되기 시작하였다.[167] 전쟁 소식을 접한 미 국무부의 러스크(Dean Rusk) 차관보와 육군부 장관 페이스(Frank Pace Jr.)는 6월 24일 밤 10시 30분경(한국 시각 25일 12시 30분) 국무부에서 회동하였다. 국무부에 도착한 러스크는 애치슨 국무장관에게 전화로 소식을 전한 뒤 장관의 허락을 받아 백악관에 연락하여 대통령에게 보고하도록 하였다. 이 자리에 도착한 국무부의 유엔 담당 차관보 히커슨(John D. Hickerson)은 전화로 국무장관과 사태를 논의하며 미국의 기조는 유엔을 통하여 사태를 수습하는 것임을 설명하였다. 애치슨은 이에 동의하고 밤 11시 20분경 미주리에서 쉬고 있는 트루먼 대통령에게 전화를 걸어 한국의 상황을 설명하고 유엔 안전보장이사회의 긴급회의 소집을 제안하였다.

북한군에 의한 전면적인 남침이 발생할 경우 미국의 유엔을 통한 한국 문제 해결은 이미 정해진 방침에 따른 것이었다.[168] 미국 정부는 전보 접수로부터 한 시간 남짓 지난 시점에 한국의 상황을 해결하기 위한 명확한 지침을 마련하고 움직이기 시작하였다. 애치슨 장관은 유엔 담당 차관보에게 안전보장이사회의 긴급회의 소집을 요

167) *FRUS 1950, Vol. VII*, pp. 125-126.
168) *FRUS 1949, Vol. VII, Part 2*, pp. 1046-1048.

구할 것을 지시하였고 이 요구는 즉각 리(Trygve Lie) 유엔 사무총장에게 전달되었다.

미국의 요청에 의한 유엔 안전보장이사회 긴급회의는 6월 25일 오후에 소집되었다. 긴급회의는 북한의 침공이 명백한 평화의 파괴 행위임을 규정하며 북한이 적대 행위를 중지하고 병력을 전쟁 이전의 상태로 철수시킬 것을 요구하였고, 회원국에는 이 결의안을 집행하는 유엔에 모든 원조를 제공하고 북한에 대한 지원을 자제하도록 요청하였다. 당초 소련의 거부권 행사가 우려되었지만 소련 대표는 타이완으로 쫓겨 간 국민당 정부가 중국에 대한 대표권을 행사하는 것에 항의하여 결석함으로 결의안은 무사하게 통과되었다.169)

트루먼 대통령은 25일 오후 미주리에서 워싱턴으로 돌아오며 전쟁의 성격을 분석하고 기본적인 대처 방안을 결정하였다. 그는 제2차 세계대전 이전에 발생하였던 이탈리아의 에티오피아 침공, 일본의 만주 침공 등 민주주의 국가들이 침략자들에게 단호하게 대처하지 못하여 침략을 허용하고 만 사례들을 떠올렸다. 트루먼은 공산주의 국가들이 히틀러나 무솔리니처럼 행동하고 있다고 간주하였다. 그는 만일 한국이 공산주의 침략의 재물이 되고 만다면 미국의 문턱까지 대담하게 쇄도할 것이라고 생각하였으며 약소국들은 공산주의 강대국으로부터의 위협에 자유로울 수 없다고 보았다. 만일 이러한 행태가 지속된다면 그는 이것이 제3차 세계대전으로 이어질 것이 분명하다고 판단하였다. 아울러 유엔 역시 무의미해질 것으로 트루먼은 인식하였다.170)

트루먼의 도착에 따라 블레어 하우스에서 만찬을 겸한 첫 대책회의가 6월 25일 오후 7시 40분에 열렸다. 국무장관과 국방장관, 각 군 장관들과 합참의장이 참석한 회의에서 전쟁에 대한 전반적인

---

169) UNSC Resolution 82(25 June 1950).
http://www.un.org/ga/search/view_doc.asp?symbol=S/RES/82(1950)
(검색일: 2013.5.11.).

170) Harry S. Truman, *Memoirs, II* (Garden City, New York: Doubleday & Company, INC, 1956), pp. 332-333.

대응 방안이 구체화되었다. 애치슨이 주도한 이 회의에서 상호방위원조협정에 따라 우선 맥아더에게 한국군이 필요로 하는 탄약을 공급하는 권한을 부여하기로 하였다. 그리고 미국인들의 안전한 철수를 지원하기 위한 공군의 엄호가 논의되었으며, 유엔 안전보장이사회의 결의문에 따라 한국에 대한 추가적인 원조를 논의할 것이 제안되었다. 아울러 미 제7함대로 타이완을 중국의 위협으로부터 보호하여야 함과 인도차이나에 대한 지원을 확대해야 함이 제시되었다.[171)]

이 회의의 성격은 트루먼 대통령이 지시한 다섯 가지 사항에 잘 드러나 있다. 회의를 마치며 트루먼은 맥아더 장군에게 한국에 탄약을 공급할 권한을 부여하고 자세한 상황을 파악하기 위하여 한국에 조사단을 파견하며, 일본에 제7함대를 보내고, 회의 참가자들에게 극동에 위치한 소련의 항공기지를 제거할 계획을 세우라는 것과, 다음번에 소련이 행동을 취할 지역을 분석해 볼 것을 지시하였다. 앞의 두 항은 전쟁과 직접 관련된 응급조치 및 조사를 수행하는 것이고 뒤의 두 항은 이 전쟁의 뒤에 있는 소련의 의도를 파악하고 대처하기 위한 조치들이다.

실제적으로 블레어 하우스의 1차 회의는 소련의 의도에 대응하기 위한 회의였다. 참석자들은 소련이 직접 전쟁에 나설 것인가에 대한 의견을 주고받았으며 소련을 필두로 한 공산주의 국가들의 움직임을 견제하기 위한 조치들을 논의하였다. 타이완해협 봉쇄와 인도차이나 지원, 상하이에 위치한 극동 소련 공군 기지 공격 계획 수립 지시 등이 이러한 범주에 해당된다. 미국 정부는 전쟁의 배후로 일찌감치 소련을 지목하였다. 당일 오후 3시에 소련 주재 미국 대사가 보내온 전문은 "남한에 대한 북한의 무력 공격은 소련의 분명한 도전(clear-cut Soviet challenge)"이라고 명시하였다.[172)] 또한 당일 제출된 미 국무부의 정보 판단 보고서 역시 북한의 공격은 완전히

171) *FRUS 1950, Vol. VII*, pp. 157-161.
172) Ibid., p. 139.

소련의 통제 아래에 의한 것이며 남한에 대한 공격은 소련의 행위로 보아야 한다고 단정하였다.[173)]

미 정부는 6·25전쟁을 소련의 도전으로 간주하여 단호한 개입으로 전체적인 정책 방향을 설정하였다. 다음날 밤 9시에 열린 2차 블레어 하우스 회의에서 참석자들은 한국군의 재편성을 돕기 위하여 38도선 이남에서 미 해·공군의 작전에 부과된 모든 제한을 철폐할 것과 동시에 제7함대로 타이완을 방어하고 필리핀에 미군 병력을 증원할 것을 결정하였다. 또한 한국에 지상군을 투입하는 것에 대해 논의하였다. 참석자들은 한반도에 지상군을 투입하기 위해서는 다른 곳의 상황도 고려하여 주 방위군을 동원해야 할 것임을 지적하였다.

전쟁의 개입을 결정함과 동시에 미국은 확전의 방지를 6·25전쟁에 대한 목표이자 방침으로 선정하였다. 미국 정부의 소련배후 인식은 자연스럽게 한국을 지원하는 과정 가운데 소련과의 불필요한 충돌을 예방하고자 하는 방침을 추구하게 하였다. 6월 28일과 29일 열린 국가안보회의에서 트루먼을 비롯한 참석자들은 소련이 개입할 경우 제3차 세계대전으로 발전될 가능성을 배제하기 위한 방안들에 대해 토의하였으며 이에 따라 전쟁의 목적을 분명하게 제한하였다. 특히 트루먼은 자신은 북한군을 38도선 이북으로 철수시키기 위한 모든 노력을 다하겠지만 그 이상으로 사태를 발전시키고 싶지 않다고 단언하였다. 이에 따라 맥아더에게 만일 소련이 개입하면 현 위치를 고수하면서 워싱턴에 추가적인 지침을 요청하도록 지시하는 방안이 하달되었다.[174)]

초기 미군의 참전에 중요한 계기가 된 것은 6월 29일 실시된 맥아더의 한국전선 시찰이었다. C-54 바탄(Bataan)에 몸을 싣고 한국으로 향한 맥아더는 한국군 병사들이 아직 무기를 휴대하고 있었고 장교들에게 경례하며 서로 웃음을 주고받는 것을 보며 아직 사기가

173) Ibid., pp. 148-155.
174) Harry S. Truman(1956), pp. 340-341.

왕성하다고 느꼈다. 그는 미 지상군의 투입을 결정하였으며 적의 사기를 저하시키고 한국군에게 활력을 제공하기 위한 충분한 병력이 필요하다고 판단하였다. 그는 도쿄에 도착하여 자신의 시찰 결과를 종합하여 워싱턴에 보고하며 1개 전투단을 투입하여 지역을 확보하고 2개 사단을 투입하여 역습을 실시할 것임을 밝혔다. 그의 지상군 투입 요구는 콜린스(J. Lawton Collins) 대장과 페이스 육군 장관의 보고를 통해 워싱턴 시각으로 6월 30일 새벽 트루먼 대통령의 승인을 받았다. 그리고 그날 아침 8시 30분부터 열린 대통령 주재 회의에서 2개 사단의 투입에 대한 승인도 결정되었다.

2. 미국 군대의 현실

6·25전쟁이 발발할 당시 미군의 군사력은 이 전쟁을 다룰 수 있을 만큼 충분하지 않았다. 제2차 세계대전이 끝난 시점부터 미군은 광범위한 동원 해제를 실시하였다. 이로 인하여 1950년 미 육군의 전체 병력은 59만 천 명이었으며 10개 사단으로 구성되어 있었다. 미 육군은 유럽에 9만 8천 명이, 일본에 10만 8천5백 명이 4개 사단(7, 24, 25, 1 기병)에 소속돼 배치되어 있었다. 미군이 제2차 대전 말기에 보유하였던 천백만 명의 육군과 4백만 명의 해군 및 66만 9천 명의 해병대와는 어마어마한 격차가 있었다.[175] 1950년 미 육군에는 10개의 사단이 있었지만 제82공정사단만이 적절한 전투 준비 태세를 유지하고 있었으며, 1950년 6월에 들어서야 제2보병사단이 준비 태세를 향상시키기 위한 훈련을 시작하였다. 육군 참모총장인 콜린스 장군 스스로 육군은 아주 작고 장비가 부족하며 전형적인 평시의 군대라고 평가할 정도였다.[176]

175) Allan R. Millett & Peter Maslowski(1994), p. 428.
176) Allan R. Millett, *The War for Korea, 1950-1951* (Lawrence: University Press of Kansas, 2010), p. 78.

특히 1950년 일본에 주둔하고 있던 미군들은 그다지 전쟁에 적합한 군대가 아니었다. 이들은 점령군 임무를 수행하면서 행정 업무에 종사하였고 대부분의 병사들이 일본인 여자 친구를 두고 있었다.177) 주일 미군은 편제부터 완전한 전투력을 발휘할 수 없는 상태였다. 보병 연대는 본래의 삼각편제에도 불구하고 2개 대대만으로 구성되었으며 전차 중대는 보유하지 못하였다. 포병 대대 역시 2개 포대만을 보유하였을 뿐이며 사단의 전차 대대는 가벼운 M-24 1개 중대로 전력이 감소되었다. 장교단의 자질 역시 문제였다. 1950년 제8군의 연대장 12명 가운데 2명만이 전투 경험을 가지고 있었고 그나마 11명이 45세를 초과하였다. 병사들 역시 45%가 4등급과 5등급 판정을 받은 자원이었으며, 해외여행 경험과 제대 후의 교육 혜택에 기대를 걸고 입대한 가난한 청년들이 많은 비중을 차지하였다.178)

장비 역시 심각한 상태였다. 대부분 제2차 세계대전 당시의 낡은 장비였으며 그나마도 부족하였다. 어느 연대는 규정된 수량의 60%에 해당하는 무전기를 보유하고 있었고 그 가운데 80%는 작동하지 않는 상태였다. 어느 대대는 소총과 박격포의 대부분이 제대로 기능하지 않았다. 제8군의 장비 부족 상태가 너무 심각하였다. 4.2인치 박격포나 전차 등은 거의 보급되지 않았고 무반동총의 경우 226정이 편제표 상에 존재하였지만 보유하고 있는 것은 단지 21정에 불과하였다. 탄약 역시 부족한 상태였는데 수류탄, 대전차 포탄, 60밀리미터 박격포 조명탄 등이 특히 부족하였다.179)

해군의 경우 상황은 좀 더 심각하였다. 제2차 세계대전이 끝났을 때 미 해군은 잠수함 237척, 항공모함 98척, 전함 25척, 순양함 70척, 구축함 372척, 호위함 365척과 4만 1,272기에 달하는 항공기를 보유하고 있었다.180) 미 해군은 지금까지 세계사에서 유래를 찾아볼

177) William T. Bowers ed., *Combat in Korea: January–February 1951* (Lexington: The University Press of Kentucky, 2008), pp. 8-9.
178) Allan R. Millett(2010), pp. 78-80.
179) William T. Bowers ed.(2008), pp. 8-9.
180) Jan. S. Breemer, *U.S. Naval Development,* (Annapolis: The Nautical

수 없는 막대한 전력을 자랑하였다. 그러나 전후 동원 해제로 인하여 미 해군의 전력은 급속히 감소되어 잠수함 73척, 항공모함 15척, 전함 1척, 순양함 13척, 구축함 142척, 호위함 11척만을 보유하게 되었다.[181]

그나마 미 해군의 주 전력은 유럽에 집중적으로 배치되었고 6·25전쟁이 발발하였을 때 스트러블(Arthur D. Struble) 중장이 지휘하는 미 제7함대의 실질적인 전력은 제77기동부대(TF-77)가 전부이었다. 이 부대는 공격항모 밸리포즈, 순양함 로체스터, 8척의 구축함으로 구성되었으며 항모항공단 항공기 88대를 보유하였다. 항모항공단에는 F9F-2팬서(Panthers) 제트전투기 2개 대대와 F-4U4B 코르세어(Corsair) 프로펠러 전투기 2개 전대 및 AD-4 스카이레이더(Skyraider) 프로펠러 공격기 1개 전대로 편성되어 있었다. 전쟁이 발발하면서 일본 해역에 있던 미 해군 전력은 극동해군사령관인 조이 중장(C. Tuner Joy)의 작전통제를 받게 되었다. 조이 제독은 당시 제96기동부대(TF-96)의 지휘를 겸하고 있었는데 이 부대는 밀수품 단속을 위한 초계 활동과 제2차 세계대전 당시 부설된 기뢰 제거 임무를 수행하고 있었다.[182]

극동 공군의 경우 스트레트메이어(George Stratemeyer) 중장의 지휘 아래 제 5공군이 일본에 주둔하고 있었으며 26기의 B-26 폭격기와 12기의 B-29 폭격기, 70기의 F-80 제트 전투기와 15기의 F-82제트 전투기를 보유하고 있었다. 제 5공군의 임무는 유사시 일본을 보호하는 것이었다. 제5공군이 한국을 지원한다고 치더라도 중요한 문제가 한 가지 존재하였는데, 한국에 적정한 활주로가 없는 것이었다. 제트기의 이착륙이 가능한 활주로는 김포와 수원 비행장만이 보유하고 있었는데 이미 북한군에 의해 점령되었다. 이에 따라

and Aviation Publishing Company of America, 1983), p. 17.

181) Jan. S. Breemer(1983), p. 629.

182) Thomas J. Cutler, "해양력과 부산교두보 방어, 1950년 6-9월," Edward J. Maraolda ed., 김주식·정삼만·조덕현 역, 『한국전쟁과 미국 해군』 (서울: 한국해양전략연구소, 2010), pp. 22-24.

제트전투기들은 일본에서 직접 출격하여야 했는데, 제트전투기들의 항속 거리가 짧아 일본에서 출격하면 한국 상공에 단 30분 동안만 체공할 수 있었다.

3. 6·25전쟁 이전 미국의 안보정책과 전략

미국은 제2차 세계대전 이후 세 가지 방향에서 안보정책을 추구하였다. 제2차 세계대전 도중 미국은 집단안전보장체제의 설립을 추진하였다. 미국은 세계적인 차원에서 도전국가에 대한 다수 회원국의 응징을 가능하게 하는 집단안전보장체제로 국제연합(United Nations)을 출범시켰다. 국제연합은 1946년 6월 26일 46개국을 회원국으로 하여 탄생하였다. 또한 미국은 지역 군사동맹을 추진하였다. 그 일환으로 미국은 1778년 프랑스와 동맹을 체결한 이래 1947년 9월 2일 아메리카 상호원조 조약(Inter-American Treaty of Reciprocal Assistance, the Rio Pact)에 가입하였다.[183)]

미국의 또 하나의 중요한 안보 축은 핵 억지력이었다. 핵은 그 파괴력으로 인해 궁극적인 억지력으로 인식되었다. 미국은 1946년부터 1949년 사이 많은 핵실험을 수행하며 핵무기의 성능을 향상시키고 보유량을 늘릴 수 있게 되었다. 1949년 미국은 169개의 핵폭탄을 생산하였고 1951년에는 429개를 생산하였다. 그리고 1953년에 이르게 되면 미국은 1,152개의 핵폭탄을 보유하게 된다. 문제는 당시 미국은 적절한 운반 수단을 보유하지 못하였는데, 전략 공군 사령부를 보강하고 대륙 간 폭격기인 B-36을 적극적으로 개발하기로 하였다.

미국은 내부적으로도 안보상 중요한 조치를 취하게 되었다. 국가안보법(National Security Act, 1947)을 채택한 것이다. 이를 통하

183) Allan R. Millett & Peter Maslowski(1994), pp. 494-496.

여 미국은 대통령을 보좌하는 국가안보회의(National Security Council)와 중앙정보부(Central Intelligence Agency)를 보유하게 되었다. 이 시기 미국은 처음으로 국방부를 만들었는데 제한된 능력만을 보유할 뿐이었으며 합동참모본부 역시 정식으로 의장이 선출되지 않은 상태이었다. 국방부는 제한적인 능력으로 인하여 각 군의 기능과 역할을 조정하는 데에 많은 문제를 노정하였다. 초대 장관인 포레스탈(James V. Forrestal)은 이러한 과정에서 과중한 스트레스를 느끼고 자살하고 말았다.

군 사이의 갈등은 쉽게 사라지지 않아서, 핵 억지력의 중추를 담당하고자 해군과 공군이 치열하게 경쟁하는 상황이 발생하였다. 새로운 국방장관인 존슨(Louis Johnson)은 핵폭격 능력을 가진 함재기를 발진시킬 수 있는 해군의 야심찬 새 항모 유나이티드 스테이츠(United States)호 건설을 취소하였다. 그러자 해군 제독들은 공군의 B-36 생산 계획이 부당하다고 도전해 왔다. 결과적으로 1949년 미국은 국가안보법을 수정하여 국방부장관의 권능을 신장시켰다. 국방부가 헌법상 육해공군을 통합하게 되었고 각 군의 장관은 NSC 구성원에서 배제되었다. 아울러 의회는 합참의장직을 인정해 주어 각 군 사이의 갈등을 조정할 수 있도록 하였다. 1949년의 법령 개정으로 국방부는 중앙집권적인 국방정책 수립이 가능하게 되었으며 예산편성권을 활용하여 각 군을 적절하게 통제할 수 있게 되었다.[184)]

미국은 1949년 지역 군사동맹기구로 북대서양조약기구를 결성하였다. NATO는 소련의 거대한 지상군 전력에 대한 유럽의 취약한 방이력을 보강하고자 결성되었으며 그 내부에 또한 독일을 포함하여 소련과 독일을 동시에 견제하는 구조를 띠고 있었다. NATO는 외부로부터의 어느 회원국에 대한 공격이든지 모든 회원국에 대한 공격으로 간주하여 공동으로 대응하는 것을 기조로 하고 있다. 당초 미국은 유럽의 회원국들이 통상 전력을 담당해 주고 자국은 핵우산이나 해·공군만을 제공하는 것으로 생각하였으나 경제 재건에 우선

184) Ibid., pp. 504-505.

적인 자원을 할당해야 하는 유럽 국가들은 이에 쉽사리 동의할 수는 없었다.[185]

미국은 소련과의 가능한 전쟁을 대비하여 핵전력을 주축으로 하는 계획을 작성하였다. 1946년 여름 미국 합참은 소련의 압도적인 지상전 능력을 가정한 핀처(PINCHER) 계획을 수립하였다. 핀처는 소련이 유럽에 100개의 지상군 사단을 투입할 것을 상정하였으며 이에 대해 미국과 영국은 방어에 유리한 이베리아 반도나 이탈리아까지 후퇴하고 전략폭격으로 소련의 전쟁수행 역량을 파괴하는 것을 골자로 하고 있다. 핀처는 구체적으로 미국이 소련의 20개 도시에 50개의 핵무기를 투하하여 소련의 산업 시설 50%를 파괴할 것을 목표로 제시하였다. 또한 미국이 전력을 보강하여 반격 작전을 실시하되 지중해를 통해 발칸반도나 페르시아 만 방향으로, 그리고 중동지역을 통해 소련의 공업지역을 공격할 것을 계획하였다. 핀처는 전반적으로 유럽을 중시하며 서유럽에서는 전략적 공세를 취하고 극동지역에서는 전략적 방어를 취하도록 제안하였다.[186] 핀처는 1948년 2월 트루먼 대통령에게 보고되었다.

핀처에서 사용된 주요한 개념들은 이후에도 지속해서 적용되었다. 1948년 5월 미 합참은 핀처의 후속 계획으로 하프문(HALF-MOON)을 수립하였는데 소련이 서유럽 및 다른 지역에 대한 선제공격을 하면 미군과 동맹군이 반격을 가하는 내용이었다. 물론 미군의 주된 반격 수단은 전략 공군이 투하하는 핵무기이었다. 하프문의 가정은 소련이 중동지역을 확보한 뒤 영국 점령을 시도하며 아울러 아시아에서 공세를 유지하는 것이었다. 이에 대해 계획은 영국을 지속적으로 확보하고 극동에서는 베링해-동해-서해로 연하는 선을 확보할 것을 요구하였다.[187]

---

185) Ibid., pp. 506-507.

186) 남정옥, 『미국은 왜 한국전쟁에서 휴전할 수밖에 없었을까?』 (서울: 한국학술정보, 2010), pp. 82-84.

187) John Lewis Gaddis & Thomas H. Etzold eds.(1978), pp. 315-323; 남정옥(2010), pp. 86-88.

미국이 NATO에 가입하면서 합참은 새로운 전쟁 계획을 입안하였다. 미 합참은 이전의 전쟁 계획과 달리 전쟁 초기에 서유럽을 포기할 수 없게 되었다. 이에 따라 서유럽을 교두보로 확보하며 그렇지 못할 경우 조기에 서유럽을 회복하는 것이 중요한 개념으로 대두하였다. 1949년 12월 8일 승인된 오프태클(OFFTACKLE) 계획은 소련이 서유럽과 중동으로 공격해 오며 영국에 대한 공중 공격을 시도할 것을 전제로 하였다. 아울러 소련은 서방 국가들이 이용하는 해상교통로를 공격하며 미 본토 및 캐나다에 대한 제한적 공격과 전 세계를 대상으로 파괴 활동을 실시할 것으로 예상되었다.

오프태클의 수행 단계에서 미국은 서유럽에서 전략적 공세를 추구하면서 극동에서는 방어에 중점을 두기로 하였다. 이 계획은 극동에서 미국으로 하여금 일본-오키나와-타이완-필리핀을 연하는 선을 확보할 것을 요구하는 한편 한반도는 반격 시에도 우회하는 것으로 정하였다. 특별히 이 계획은 미국이 소련과 전면전을 수행하는 와중에 극동에서 취할 전반적인 방침을 제시하고 있다. 이에 의하면 미국은 오키나와를 군사작전 기지로 계속 이용할 수 있도록 확보하면서 주일 미군 및 본토로부터 증원되는 소규모 병력으로 일본을 방위하게 되어 있다. 아울러 미국은 소련이 타이완을 공세 작전 기지로 사용하지 못하도록 저지하고 일본-유구 열도-필리핀에 이르는 지역을 방위하면서 해군 및 공군력으로 소련의 항만, 공군기지, 공업시설, 비축물자 및 병력을 파괴하도록 하고 있다.[188)]

미 합참은 전 세계적인 차원에서 수립된 대소 전쟁 계획을 지역별 차원에서 이행할 수 있는 하위 계획들을 작성하였다. 극동에서 핀처 계획은 문라이즈(MOONRISE)로 구체화되었다. 문라이즈는 1947년 8월에 작성되었으며 극동에서 소련의 공격은 만주, 화북, 한반도의 남부, 일본의 홋카이도로 지향될 것으로 예측되었다. 미 합참은 소련이 D+20일까지 한반도를 점령할 수 있을 것으로 내다

188) John Lewis Gaddis & Thomas H. Etzold eds.(1978), pp. 315-323; 남정옥(2010), pp. 88-91.

보았으며 D+150일까지는 황하 이북의 중국을 점령할 것으로 판단하였다. 미국은 소련의 대대적인 지상 공격에 직면하면 한반도에서 철수하며 홋카이도를 제외한 일본열도, 유구열도, 그리고 타이완을 확보한다는 방침을 수립하였다. 미 합참은 핀처의 개념이 요구하였던 대로 극동 지역에서는 중국을 포기하고 남한에 주둔 중인 미군을 일본으로 철수시키면서 아시아 대륙의 외곽 열도를 확보하는 전략적으로 방어에 중점을 두었던 것이다.[189]

미 극동군사령부는 합참의 문라이즈 계획을 바탕으로 건파우더(GUNPOWDER) 계획을 작성하여 대소 전쟁을 준비하였다. 이 계획은 소련은 아시아 대륙에서 공산주의 이념으로 통일된 전선을 형성할 것이며 중국은 내부 혼란과 부패로 미국에 크게 기여할 수 없을 것임을 전제로 하고 있다. 극동군사령부는 이러한 상황에서 일본에서 필리핀을 연하는 도서선에서 소련의 침략을 저지하며 해군력과 공군력을 활용할 것을 계획하였다. 이 계획 역시 한반도에 주둔한 미군은 전쟁 발발과 동시에 일본으로 철수하도록 정하였다.[190]

미국은 아시아태평양 지역에서 일련의 도서군을 연결한 방위선을 획정하였는데 1950년 1월 12일 애치슨 국무장관이 전국기자클럽(National Press Club)에서 행한 기자회견에서 공개적으로 드러났다. 애치슨은 미국의 방위선은 알류샨 열도-일본 본토-오키나와-필리핀을 연결하는 선이라고 설명하며 한국과 타이완을 방위선에 포함하지 않았다. 그는 이어서 나머지 지역에서의 방위는 해당 국가의 국민들에게 책임이 있으며 문명국가들이 유엔 헌장에 따라 개입할 수 있을 것이라고 설명하였다.[191]

189) 남정옥(2010), pp. 92-93.
190) 같은 책, pp. 94-96.
191) The Department of State, "Crisis in Asia: An Examination of U.S. Policy," *Bulletin*, Vol. X XII, No. 551(Jan. 23, 1950), p. 116.

4. 미국 정부의 전쟁수행 방침

트루먼 대통령은 현지 시각으로 6월 27일 6·25전쟁에 대한 성명을 발표하였다. 그는 38도선 분쟁과 내부적 치안을 확보하기 위한 군대로 무장된 대한민국이 북한의 공격을 받았다고 성명을 시작하였다. 그는 이어서 유엔의 안전보장이사회가 북한군에 적대 행위를 중지하고 철수할 것을 요구하였지만 거꾸로 공격의 기세가 거세어졌음을 설명하며, 안보리가 회원국들에 유엔 안보리 결의안을 실현하기 위해 자원을 제공할 것을 요청하였음을 상기시켰다. 그는 나아가 이러한 맥락 속에서 미국의 해군과 공군에게 한국군을 지원하고 엄호할 것을 명령하였다고 공표하였다.[192]

트루먼의 성명은 공산주의자들이 전복(subversion)행위를 넘어서 독립된 국가를 정복하기 위하여 무력 침략을 사용하고 있음을 지적하였다. 이는 그동안 미국의 방위정책 문서들이 제시하였던 소련을 비롯한 공산주의 위협에 대한 평가가 잘못되었음을 인정하는 것이었다. 아울러 그는 공산주의의 위협이 대담해진 마당에 미국이 향후 아시아 태평양지역에서 평화를 보장하고 미국의 이익을 지키기 위해 타이완을 방어하기 위하여 제7함대를 파견하기로 하였음을 언명하였다. 그는 이어 미국의 예방적인 조치에 필리핀에서의 미군 전력을 증가하고 인도차이나에서 프랑스를 지원할 것임을 선언하였다.[193] 미국은 공산주의의 팽창을 저지하기 위한 적극적인 정책으로 돌아섰다.

미국 정부는 타이완에 대하여 특별한 관심을 기울였다. 타이완해협에 제7함대를 파견한 것은 공산주의자들이 타이완을 침공하지 못하도록 하려는 목적뿐만 아니라 타이완에 자리를 잡은 민족주의자들이 본토로 침공하지 못하게 막고자 함이었다. 또한 미국으로서는 전쟁이 미·소와의 대결로 확대될 경우를 대비하여 소련이 타이완을 점

192) *FRUS 1950, Vol. VII*, p. 202.
193) Ibid.

령하지 못하도록 선점할 필요가 있었다.[194] 타이완에 대한 미국의 태도는 중국의 강한 반발을 불러왔다. 저우언라이는 7월 6일 유엔 사무총장에게 미국의 행동을 "무력으로 중국의 영토를 침범한 유엔 헌장에 위배되는 행위"로 비난하는 서신을 보냈다. 미국은 이후 더욱 적극적인 타이완 수호 의지를 천명하였다. 맥아더 장군이 8월 초에 타이완을 방문하여 장제스와 면담한 이후 본토에서 도발을 감행한다면 미국과 타이완이 군사적으로 긴밀히 협조하여 대응할 것을 발표한 것이다.[195]

미국 정부는 기본적으로 6·25전쟁을 유엔의 명분 아래에서 수행하고자 하였다. 유엔 안보리는 현지 시각으로 6월 25일 북한의 남침을 불법으로 규정하는 성명서를 채택한 뒤 6월 27일 다시 회의를 열었다. 안보리에서는 북한이 유엔 안보리 결의안을 무시하였다는 데 공감하면서 미국 대사 오스틴(Warren R. Austin)이 제시한 새로운 결의안을 채택하였다. 새로운 결의안은 유엔 회원국들로 하여금 대한민국 정부의 호소를 받아들여 북한의 무장 공격을 격퇴하고 평화와 안전을 회복하는 데 필요한 원조를 제공하도록 권고하였다.[196]

유엔이 회원국들에게 북한의 공격을 격퇴하는 데 동참하도록 권고한 시점은 미국이 해군과 공군을 한반도에 투입하기로 결정한 지 24시간이 지난 다음이었으며 트루먼 대통령이 성명을 발표한 뒤 회의가 개최되었다. 트루먼은 안보리가 진행되는 동안 의회 지도자들과 함께 미국의 행동과 방침이 유엔의 이상과 목적에 부합하는지 논의하였다. 트루먼은 적극적으로 한반도에 개입할 것을 결정하였지만, 개입의 명분과 타당성을 얻기 위하여 유엔을 활용하였다. 그리고 미국은 안보리 결의문의 형태로 유엔 회원국들이 미국의 노력에

---

194) Rosemary Foot, *The Wrong War* (Ithaca and London: Cornell University Press, 1985), p. 64.

195) Ibid., p. 65.

196) UNSC Resolution 83 (27 June 1950). http://www.un.org/ga/search/view_doc.asp?symbol=S/RES/83(1950) (검색일: 2014. 8.29).

동참하도록 요청하였다. 이로써 유엔이 창설된 이래 처음으로 그 취지에 부합하는 집단안전보장체제가 가동하게 된 것이다.

유엔은 미국의 주도 아래에 회원국 군대로 구성될 유엔군 형성을 예측하고 이를 위한 지휘 기구를 구상하였다. 당시 유엔은 전쟁 지휘를 위한 별도의 역량을 갖추고 있지 않아 미국에 지휘 기구의 편성을 위임하였으며 이것을 현지 시각으로 7월 7일 안보리 결의안으로 채택하였다.[197] 미국은 유엔의 결정에 따라 한반도에서 가까운 일본에 주둔하고 있던 맥아더 장군과 극동군사령부를 장차 형성될 유엔군의 사령관과 사령부로 지정하였다. 극동군사령부의 지휘관과 참모들이 유엔군사령부라는 별도의 모자를 하나 더 쓰고 전쟁을 지휘하게 된 것이다. 유엔은 미국에 지휘 기구의 구성을 의뢰하고 권한을 부여하면서 유엔군사령부가 안보리의 특별위원회에 정기적으로 보고할 것을 요구하였다.[198]

미국은 한국에서의 전쟁을 유엔의 이름으로 수행하지만 철저히 유엔의 간섭을 배제하고 미국의 독자적인 관점에서 전쟁을 지휘하고자 하였다. 이를 위해 미 합참은 유엔이 제기한 한국원조협의위원회를 통한 지휘방식을 거절하고 미국이 유엔의 집행 대리자로 전쟁을 수행하고 유엔과 현지 사령부가 직접 접촉을 유지하지 않도록 하였다. 이러한 계획은 안보리 결정에 의해 채택되어 유엔 회원국들이 파견한 부대는 극동군사령부가 주축이 되어 편성된 유엔군 사령부의 통일된 지휘체제 아래에 편입되었으며 미국은 작전 진행에 관한 정기 보고서만 제출하게 되었다. 아울러 트루먼 대통령은 유엔을 대신하여 한국에서의 군사작전의 방향을 제시하는 기구로 합참을 지정하였다.[199]

---

197) Resolution 83 (27 June 1950).
http://www.un.org/ga/search/view_doc.asp?symbol=S/RES/85(1950)
(검색일: 2014. 8.29).

198) 미국 합동참모본부, 국방부 군사편찬위원회 역, 『한국전쟁(상)』 (서울: 국방부 군사편찬위원회, 1990), pp. 108-109.

199) 미국 합동참모본부, 국방부 군사편찬위원회 역(1990), pp. 109-110.

합참은 이러한 맥락 아래에서 국내 문제와 미국의 대외적인 문제를 동시에 고려하면서 특히 서부 유럽의 방어와 한국 문제를 함께 고려하며 전쟁을 지도하게 되었다. 합참은 특정한 사안이 발생하면 이를 토의와 의견 조정을 거쳐 최종 입장을 선정하며 국방부 장관에게 제시하였다. 이를 통해 확정된 판단이나 제안은 통상 국가안전보장회의에 제출되거나 직접 대통령에게 건의되었다. 6·25전쟁 기간 동안 이러한 미국의 전쟁 지도 방식은 일관되게 유지되었으며 이를 통해 미국은 정치와 군사를 조율하며 정치적 목적에 부합하도록 전쟁을 수행해 나갔다.

미국 정부와 의회에서는 전쟁 초반부터 전쟁 목표에 대한 광범위한 논의가 전개되었다. 공화당 소속의 맥카시(Joseph R. McCarthy) 의원은 미국 정부가 최초에 전쟁에 단호하게 대처하지 못한다고 비난하였다. 일부 의원들은 미군과 연합군이 당연하게 38도선을 넘어 진격하여야 하며 최소한 북한의 남부지역이라도 점령해야 한다고 주장하였다.[200] 행정부 각료들은 38도선 이북 진격에 대하여 일치된 견해를 보유하고 있었다. 애치슨은 38도선은 무시되어야 하며 북한 지역 진입을 준비하여야 한다고 주장하면서 한국은 미약한 국가들에 대한 서구 민주주의 국가들의 공헌을 보여주는 사례가 될 것이라고 강조하였다. 물론 맥아더를 비롯한 군사 지도자들은 군사작전의 측면에서 38도선 돌파의 필요성을 일찌감치 주장하였다. 특히 맥아더가 한창 전선이 불리한 상황에 놓여 있던 7월 중순 보여준 38도선 돌파에 대한 신념과 자신감은 트루먼 대통령을 크게 고무하였다. 미국 지도자들의 이러한 전쟁 목표에 대한 인식은 맥아더에게 북한 지역에서의 작전을 승인한 NSC-81/1로 구체화되어 9월 11일 결정되었다.[201]

200) Rosemary Foot(1985), p. 69.
201) Ibid., pp. 69-72.

5. 미국의 초기 군사전략

맥아더 장군은 처음 전쟁의 정황을 판단하며 미군 2개 사단을 투입하면 충분히 사태를 해결할 수 있을 것으로 전망하였다. 이러한 판단은 맥아더만이 아니라 미군의 고위 군사지도자들이 공유하고 있던 생각이었다. 합참의장 브래들리(Omar N. Bradley, 1893-1981) 역시 전쟁이 전면전으로 발전되기 전에 행동을 마칠 수 있다고 전망하였다. 이는 전쟁 초기의 불확실한 정보와 한국군 전력에 대한 과도한 평가와 낙관, 그리고 북한군에 대한 과소평가가 주된 원인이었다.[202] 맥아더의 건의에 따라 일본에 주둔하고 있던 제24보병사단과 제25보병사단이 긴급히 투입되었지만 전황은 낳아지지 않았다.

사정이 여의치 않자 맥아더는 북한군의 후방에 1개 사단을 상륙시키기로 결정하였다. 이를 위하여 선택된 것이 제1기병사단이었다. 이 당시 제1기병사단은 부대의 전통 때문에 기병사단이라는 명칭을 유지하고 있었을 뿐 여타 미군의 보병사단과 동일한 편제와 장비를 보유하고 있었다. 맥아더는 7월 4일, 최초로 한반도에 투입된 미 제24사단의 스미스대대가 오산 북방의 죽미령에서 전투진지를 구축하고 있을 때 상륙작전에 대해 논의하고 7월 22일을 상륙일로 지정하였다. 그러나 그의 계획은 전선의 불안정으로 인해 7월 10일부로 취소되었고 이후 제1기병사단은 7월 18일과 22일에 포항에 상륙하여 경부 가도의 영동지역 방어에 투입되었다.[203]

맥아더는 북한군의 전력을 새로이 인식하고 본격적으로 전투 전력의 증강을 위해 노력을 경수하는 한편 결정적인 승리를 위한 상륙작전을 착실히 준비하였다. 맥아더는 7월 8일 제24사단장 딘(William F. Dean) 소장의 보고에 기초하여 북한군의 기갑장비를 최고 수준으로 평가하고 보병은 질적인 면에서 일급에 속한다고 단언하며 자신에게 추가적으로 4개 사단을 보내 줄 것을 요청하였다.

202) 미국 합동참모본부, 국방부 군사편찬위원회 역(1990), pp. 138-139.
203) 온창일(2000), p. 612.

이어서 그는 최종적으로 한반도 전역의 작전을 위하여 모두 8개 사단이 소요된다고 보고하였다.[204] 딘의 절박한 전장 실상 보고를 통해 맥아더는 북한군을 정지시키고 남한 지역을 회복하는 것이 간단한 "경찰 행위"로만 끝나지 않을 것임을 파악한 것이다.

맥아더의 요청은 합참에 심각한 부담을 주는 것이었다. 미 육군은 단 10개의 현역 사단을 보유하고 있었기 때문이다. 그리고 그나마도 대부분 극동군사령부 예하의 사단과 같이 감소된 편성을 유지하고 있었다. 일본에 주둔하고 있던 4개 사단을 제외한 6개 사단 가운데 1개 사단은 독일 점령을 담당하고 있어 실제적으로 가용한 자원은 미국 본토에 주둔하고 있던 5개 사단이었다. 합동참모부는 5개 사단 가운데 유럽에서 혹시 발생할지 모를 위기에 대비할 전력과 본토 방위에 필요한 최소한의 전력을 남겨둔 가운데 맥아더가 요청하는 전력을 공급해 주어야 했다.[205] 이러한 실정에도 불구하고 맥아더는 육군 현역 사단의 거의 대부분을 요구한 것이었다.

맥아더의 전력 증강 요구를 충족시키기 위해서는 군 규모를 확장하고 추가적으로 예산을 확보하는 것이 불가피하였다. 트루먼 대통령은 7월 19일 현역과 예비역의 동원을 확대하겠다는 대국민 성명을 발표하였고 이틀 후에는 의회에 105억 달러의 추가예산을 신청하였다. 이에 따라 각 군별로 동원이 시행되어 1950년 8월 28일까지 육군은 93,586명의 병사와 10,584명의 장교를 동원하였고, 해군은 해병대를 포함하여 10만 3,883명을, 그리고 공군은 4만 9,962명을 동원하였다. 아울러 각 군은 예비역 자원이 현역으로 편입됨에 따라 현역 인력의 정원을 조정하였는데 육군은 83만 4천 명에서 106만 천 명으로 증원되었고, 해군은 전함 뉴저지호가 재취역하고 신규 구축함 건조가 승인되어 9,235명이 늘었으며, 공군은 1만 268명의 정원이 추가적으로 승인되었다.[206]

---

204) 미국 합동참모본부, 국방부 군사편찬위원회 역(1990), pp. 143-144.
205) 같은 책, pp. 138-140.
206) 같은 책, pp. 145-147.

미국 정부는 맥아더가 요청한 부대들을 한반도에 전개시키기 위해 시간과의 경쟁을 시작하였다. 이 부대들이 제때에 투입되어야 한국이 실함되는 것을 막을 수 있었고 맥아더가 구상하고 있던 '공세를 통한 역전'을 시도할 수가 있었다. 미국 정부는 맥아더 장군이 요청한대로 병력 교체, 부대 보충 및 개인 보충, 그리고 병력과 부대 증강의 세 가지 범주에 따라 한반도에 전력을 증원하였다. 맥아더는 7월 1일 최초 5,000명의 전투요원과 425명의 지원부대 요원을 한국전선에 보내 줄 것을 건의하였다. 이 병력은 7월 내에 대부분 도착하였고 나머지도 8월에 도착하였다. 맥아더는 이 정도 규모의 전력이 매달 보충되어야 한다고 요구하였다. 육군부는 극동사령부의 병력 문제를 해결하기 위하여 특별한 조치를 취하였는데 그 결과 해외 근무가 끝난 사병이라도 계속해서 극동군에 잔류시킬 수 있었고 복무연한이 끝난 예비역 장교들도 다시 현역에 복귀시켜 근무를 연장할 수 있게 되었다.[207)]

맥아더는 현장에서 전투하는 부대의 전력 증강에 관심을 기울였다. 그는 제24사단이 1개 연대에 2개 대대만을 보유한 현실을 인지하고 정상적인 삼각편제로 전환하여 줄 것을 육군부에 건의하여 인원과 장비가 완전히 편성된 대대를 즉각 보내 줄 것을 요청하였다. 아울러 그는 당시 8군 예하 사단들의 부족한 화력을 보강하고자 하였다. 이들 부대는 편제표 상에는 존재하지만 실제는 존재하지 않는 부대이었는데 대략 4개의 중전차 대대, 12개의 전차 중대, 11개의 105밀리미터 포병대대였다.[208)]

이러한 요구를 충족시키는 것은 당시 미국 전체의 예비 전력 부족에 따라 대단히 어려운 일이었다. 이 때문에 육군부는 여러 부대로부터 조금씩 인원과 병력을 차출하는 방식을 선택하였다. 육군부는 제3보병사단으로부터 완전 편성된 2개의 대대를 차출하고 3개

207) James F. Schnabel 저, 온창일 역, 『유엔군 전사 제3집: 정책과 지도』(서울: 육군본부, 1973), pp. 117-128.
208) 같은 책, pp. 117-128.

대대분의 기간요원을 차출하였으며, 제14전투단으로부터 1개 대대, 제4 전투단으로부터 3개 대대, 그리고 제29전투단으로부터 2개 대대를 차출하였다. 또한 포병부대의 충원을 위해 육군부는 제3보병사단과 제2기갑사단에서 각각 3개의 105밀리미터 포대를 차출하였고, 제14전투단에서 2개 포대, 제5전투단에서 3개 포대를 차출하였다. 이러한 전환으로 미 전략 예비군의 훈련과 동원 능력은 6분의 1로 감소했고 포병은 1년간 절반 수준의 전력만 유지하게 되었다.[209)]

맥아더는 개인 및 부대 보충 수준의 증강을 넘어 주요 전투 부대의 증강을 요구하였고 특히 포트루이스에 위치한 제2보병사단을 지목하였다. 아울러 그는 제82공정사단의 1개 전투단과 특수 공병여단과 4개의 대공포 대대를 희망하였다. 그의 요구 사항은 육군부에 심각한 고민을 안겨주었다. 콜린스 참모총장은 제82 공정사단 대신 제11공정사단에서 1개 전투단을 파견하도록 하였다. 그리고 대통령의 재가를 받아 제2사단, 제2특수공병여단, 4개의 대공포 대대 및 3개 전차 대대를 한국전선으로 차출하였다.[210)]

맥아더는 추가적인 포병 지원부대 요청 역시 빼놓지 않았다. 맥아더는 충분한 포병이 있어야 전 전선에서 융통성 있게 전투단을 운용할 수 있음을 지적하며 6개의 155밀리미터 자주곡사포대대, 2개의 8인치 곡사포대대 및 155밀리미터 평사포대대를 요구하였다. 당시 미국의 전략예비 가운데 포병은 총 11개 대대만 가용한 상황이었다. 결국 워싱턴은 맥아더의 요구를 최대한 수용하여 3개의 155밀리미터 대대 및 8인치 대대를 보내기로 하였고 1개의 관측대대와 제5야전포병단 본부를 파견하기로 결정하였다. 맥아더는 또한 화학, 공병, 의무, 수송과 기타 지원을 담당하는 중대급 부대 200개를 요청하였는데 당시 미 육군부는 150개만 예비로 보유하고 있었다. 전부를 보내도 충족시킬 수 없는 상황이었다.[211)]

209) 같은 책.
210) 같은 책.
211) 같은 책.

맥아더는 특수 근무지원 부대 역시 중요하게 평가하고 그 지원을 요청하였다. 미군의 탄약 지원이 본격적으로 이루어지면서 가장 먼저 당면한 문제는 탄약을 분류하고 다룰 줄 아는 병기전문가의 부족이었다. 아울러 맥아더는 화학, 공병, 의무, 수송을 담당할 200여 개의 중대급 부대를 요구하였다. 그러나 이는 당시 미 육군부가 보유한 150개 수준의 전력을 훨씬 초과하는 것이었다. 육군부로서는 다른 곳에 긴급한 사태가 발생하였을 경우 대처할 수 있는 최소한의 전력을 남겨두어야만 하였다. 결국 80개 중대 규모의 부대를 보내기로 하였으며 이 부대는 65% 정도의 병력만 충원하여 최소한의 임무 수행이 가능하도록 편성하였다.[212)]

맥아더 장군이 한반도 내 미군의 군사력 증강을 서둘렀던 이유는 신속히 전선을 안정시킴과 동시에 상륙작전을 통한 공세를 통해 일거에 승리의 기반을 만들고자 함이었다. 그는 초기 단계부터 상륙작전에 대한 구상을 가지고 있었다. 제2차 세계대전 당시 많은 상륙작전을 성공한 맥아더의 전력에서 보면 이는 지극히 당연한 구상이었다. 그리고 종심이 발달하고 중간에 잘록한 허리를 지닌 한반도의 지형을 보면 누구나 상륙작전을 감행하고 싶은 자연스러운 동기를 가지게 된다. 맥아더는 비록 초반에 제1기병사단을 상륙시키는 데 실패하였지만 상륙작전에 대한 집념을 가지고 부단히 이를 위한 전력을 요구하여 왔었다.

맥아더는 상륙작진을 위한 계획을 라이트(Edwin K. Wright) 준장을 단장으로 하는 합동전략기획작전단(The Joint Strategic Plans and Operations Group, JSPOG)으로 하여금 개발하도록 하였다. 7월 23일 인천, 군산, 주문진을 대상으로 한 구체화된 상륙 계획이 크로마이트(Chromite) 계획으로 수립되었으며 검토를 거쳐 인천에 대한 상륙이 최종적으로 확정되었다.[213)] 합참은 맥아더가 가지고 있던 상륙작전에 대한 의지를 알고 있었으므로 7월 24일 텔레타이프

212) 같은 책.
213) 온창일(2000), p. 737.

로 회담하며 맥아더의 의도를 재차 확인하였다. 합참은 북한군의 전진이 계속되는 와중에 상륙작전을 기도하는 것을 위험한 행동으로 판단하였던 것이다. 물론 맥아더는 상륙작전의 필요성을 강조하였으며 완벽하게 편성된 1개의 해병사단만 있으면 9월이 좋은 시기가 될 것이라고 답변하였다.

합참은 상륙작전에 대한 우려를 떨쳐 버릴 수 없었다. 8월 19일 합참의 구성원인 육군참모총장 콜린스(Joseph L. Collins) 대장, 해군참모총장 셔먼(Forrest P. Sherman) 제독, 그리고 공군 작전부장 에드워즈 중장이 일본의 극동군사령부를 향하여 출발하였다. 8월 23일 합참의 대표와 극동군사령부 참모들은 인천상륙 계획을 심도 있게 논의하면서 인천이 지니고 있는 지형적인 문제점과 상륙군의 생존 및 이후 낙동강 방어선에서 진출을 개시할 8군과의 연결 문제를 검토하였다. 콜린스 대장은 특히 상륙군과 8군의 연결을 이유로 인천보다는 군산에 상륙할 것을 제안하였다. 비록 맥아더가 최종적으로 한 시간에 걸친 감동적인 열변을 토하여 적어도 인천상륙작전에 대한 공식적인 반론은 사라지게 되었지만 합참은 인천상륙에 대하여 끝까지 의구심을 버리지 못하였다. 8월 28일 합참은 맥아더에게 상륙작전에 대한 일반적인 승인을 통보하면서 명확하게 상륙지역을 확정하지는 않았다.[214)]

맥아더는 8월 30일에 인천상륙작전 명령을 하달하였다. 인천상륙은 전쟁의 진행에 극적인 반전을 가져왔다. 극동군사령부 참모장인 알몬드(Edward M. Almond) 소장이 새로이 편성된 10군단을 지휘하였으며 제7함대 사령관 스트러블(Arthur D. Struble) 제독이 기동함대를 인솔하였다. 맥아더의 예상대로 인천에 배치된 북한군은 조직적인 저항을 하지 못하였으며 제10군단은 순조롭게 상륙하여 김포공항을 점령하고 서울 서북부의 고지군을 확보한 뒤 9월 28일에는 서울을 수복하였다. 이에 부응하여 미8군 역시 9월 16일 낙동강 교두보를 박차고 나와 총반격을 개시하였으며 9월 26일에는 오

214) 미국 합동참모본부, 국방부 군사편찬위원회 역(1990), pp. 162-164.

산 북방 죽미령에서 제10군단과 연결할 수 있었다. 전쟁은 이제 새로운 국면으로 전환되었다. 유엔군이 남침한 북한군을 패퇴시키고 주도권을 장악하였으며 북한 지역으로의 공격을 목전에 두게 된 것이다.

6. 미국의 전쟁수행 전략

미국이 6·25전쟁 간 중점을 둔 것은 제한전쟁의 수행이었다. 미국은 처음부터 이 전쟁이 소련의 사주에 의한 것으로 인식하였기에 즉각 전쟁에 개입하였다. 아울러 미국은 이 전쟁이 제3차 세계대전으로 확대되는 것을 경계하였다. 즉각적인 개입과 확전 방지는 미국이 일관적으로 추구하는 또 다른 세계대전의 발생을 억제하는 세계적 차원의 정책의 일부분이었다. 이에 따라 미국은 철저하게 개입의 수준을 제한하였다. 첫 번째 개입은 주한 미국인 의 철수를 지원하는 해·공군 작전이었다. 이어서 워싱턴은 38도선 이내에서 공군의 작전 제한을 철폐하였고, 조심스럽게 38도선 이북의 군사적 목표에 대한 공격을 허락하였다. 여기에 더하여 워싱턴은 미군이 소련이나 중국과 인접한 지역에 가까이 가지 않도록 하였고 만일 소련이 전투에 개입하면 맥아더 장군에게 그 위치를 고수하며 대통령의 지시를 받도록 하는 지침을 정하였다.215)

미국은 전쟁 전반에 걸쳐 전쟁의 장소를 한반도 내부로 제한하였으며 그 수단 역시 재래식 진력으로 제한하였다. 중국군이 참전 이후 핵무기 사용에 대한 언급이 있었으나, 다른 참전국들의 강력한 항의를 받고 곧 폐기되었다. 아울러 전쟁의 목적 역시 38도선의 회복이라는 제한적인 목적을 지니고 있었다. 물론 이 목적은 전황의 전개에 따라 수정되기에 이르렀다.

215) Harry S. Truman, *Years of Trial and Hope* (New york: A Signet Book, 1956), p. 341.

미국 정부가 전쟁의 확대를 방지하기 위해 노력하였다면 군사 정책 입안자들은 미국의 전력이 한반도에 과도하게 집중되지 않도록 주의를 기울였다. 앞서 언급하였던 대로 맥아더 장군과 극동사령부는 대대적인 병력의 증강을 요구하였는데 이 전력들은 당시 미국이 보유하고 있던 자원 대부분을 구성하고 있는 전력들이었다. 만일 맥아더가 요구하는 모든 전력을 보내 줄 경우 미국은 유럽을 포함한 다른 지역에 거의 전력을 전용할 수 없게 되는 상황이 초래될 것이었다. 이를 막기 위해 육군부와 국방부는 최대한의 노력을 기울였다.

미국이 추구하고 있던 제한전과 유럽 방위 우선주의는 6·25전쟁에 중국이 개입하여 전황이 다시 역전되자 미국으로 하여금 휴전으로 전쟁을 마무리하는 정책을 선택하게 하였다. 1950년 10월 19일 중국이 참전하면서 전쟁의 양상은 또 한 번 급격하게 변화되었다. 맥아더의 지휘 아래 38도선을 넘어 낭림산맥을 기준으로 좌측에서는 제8군이 우측에서는 제10군단이 서로 연결되지 않은 공격을 수행하고 더구나 한중 국경에 가까이 다가갈수록 퇴각하는 북한군을 추격하느라 협조된 전선을 유지하지 못했던 유엔군은 중국군의 공세로 심각한 타격을 입었다. 중국군의 개입과 심각한 유엔군의 손실은 미국 정부로 하여금 제3차 세계대전에 대한 위협을 느끼게 하였다. 아울러 미 당국자들은 보다 근본적인 위협인 소련과는 대결도 못하였는데 중국군에게 참패를 당하게 된 현실을 걱정하였다. 이에 미 정부는 NSC-101을 채택하여 미국의 이익에 중요한 일본-오키나와-필리핀으로 이어진 도서방위선과 타이완을 확보하고 미국 국내에서 산업과 인력이 완전히 동원되기 전까지 소련과의 전쟁을 자제하기로 하였다.[216]

이어서 미국은 휴전을 통해 전쟁을 종결짓기로 결정하였다. 미국은 좀 더 중요한 지역에 대한 방위에 집중하여야 했으며 이를 위해서는 적당한 선에서 적대 행위를 마쳐야 할 필요가 있었기 때문이

216) NSC-101, 국방군사연구소, 『한국전쟁자료총서 2』 (서울: 국방군사연구소, 1996), p. 22.

다. 1951년 5월 16일 승인된 NSC-48/5는 이러한 미국의 지침을 잘 반영하고 있다. NSC-48/5에서 미국은 우선 한반도의 통일과 독립된 민주국가 수립을 미국의 정책 목표로 제시하였다. 그러나 이는 군사적 수단과는 별도로 정치적 수단에 의해 지속해서 추구하게 되어 있었다. 또 다른 목표로 제시된 것은 38도선을 확보할 수 있는 선에서 휴전을 체결하고 적절한 시점에 외국군을 철수시키며 장래 북한의 남침에 대비하여 한국군을 증강시키는 것이었다.[217] 물론 두 번째 목표가 본질적인 미국의 목표였다. 미국은 이후 휴전 협상을 추진하기 시작하였다.

미국은 새로운 목표에 따라 한국군 전력을 증강시키기 시작하였다. 휴전 협상의 진척과 아울러 미국이 추구한 중요한 대전략 가운데 한 가지는 "6·25전쟁의 한국화"이었다. 3대 8군사령관에 부임한 밴 플리트(James Van Fleet) 장군이 한국군의 전력증강을 주도하였다. 그는 제2차 세계대전 직후 그리스에 군사고문단장으로 파견되어 그리스 육군을 육성하였던 전력을 지니고 있었다. 밴 플리트는 한국군의 전시 편제 기준을 새로이 확정하고 포병전력과 기갑전력을 비롯한 전투력 보강을 추진하였으며 장교 및 병사의 훈련 체계를 정립하였다. 미국에 의한 한국군 증강은 최종적으로 20개 사단 편성으로 목표가 결정되었으며 1953년 5월 아이젠하워 대통령의 재가를 받았다.[218]

한국의 전쟁 역량을 강화하여 한국 주도로 전쟁을 치르게 하는 것은 새로이 탄생한 아이젠하워 행정부의 정책과도 부합하는 것이 있다. 아이젠하워는 대통령 선거에서 6·25전쟁에서 미국의 젊은이들을 하루빨리 돌아오게 하겠다는 공약을 걸고 당선되었다. 그는 민주당이 미국인들의 희생을 아랑곳하지 않고 전쟁을 장기화하며 미군 대신 전쟁을 감당할 수 있는 한국군 육성을 소홀히 하고 있다고 비

217) *FRUS 1951, Vol. VII, Part 1*, pp. 439-442.

218) 손경호, "미국의 한국전쟁 정전 정책 고찰: 한국군 증강 정책을 중심으로," 『미국사연구』, 제36집(2012), pp. 150-155.

난하였다.[219] 아이젠하워는 국내 정치에서 지지 기반을 유지하기 위하여 한국군을 증강할 필요가 있었다.

아이젠하워 행정부는 정치적인 이유만이 아니라 장기적인 안보 전략 측면에서도 한국군을 강화시키고자 하였다. 아이젠하워는 집권에 즈음하여 당시 미국이 직면한 예산상의 문제를 해결하기 위해 재정적 균형과 안보(security with solvency)를 추구하는 뉴룩(New Look)을 고안하였다. 이에 의하면 미국은 향후 소련이 도전해 오면 재래식 전력이 아닌 핵무기를 활용하여 대량으로 보복하게 되어 있었다. 한편 주변 지역에서 공산주의에 의한 국지적 분쟁이 발생하면 미국은 해군과 공군 자산만 지원하고 당사국이 지상군 전력을 활용하여 전쟁을 치르도록 설정되었다.[220]

이러한 관점에서 미국은 한국의 가치에 대하여 주목하였다. NSC-162/2는 동아시아 정세를 분석하며 이 지역에서 미군이 자유주의 진영의 주된 전력이며 인도차이나의 프랑스와 홍콩의 영국 전력이 가용하며 역내 전력으로 한국, 베트남, 타이완의 군사력을 지적하였다. 미국은 한국을 공산권과의 대결에 유용하게 활용할 수 있는 역내의 군사적 자산으로 인식한 것이다.[221] 1953년 11월에 발간된 NSC-170은 미국은 한국이 정전 조항을 잘 준수하면 미국의 안보 체제에 편입시키고 군사적 동맹으로 육성해 갈 것을 규정하였다.[222] 미국은 전쟁의 마지막에 새로운 안보 전략을 수립하며 한국군을 향후 미국이 역내에서 유용하게 활용할 수 있는 동맹 전력으로 육성하고자 하였던 것이다.

---

219) 같은 논문, p. 157.
220) Allan R. Millett & Peter Maslowski(1994), pp. 534-535.
221) NSC-162/2, *FRUS 1952-1954*, pp. 577-596; 손경호(2012), p. 159.
222) NSC-170, 국방군사연구소(1996), p. 598; 손경호(2012), p. 160.

제5장 | 소련의 6·25전쟁 지원과 전략

1. 스탈린과 6·25전쟁
2. 6·25전쟁 이전 소련의 안보정책
3. 소련의 대한반도 정책 변화
4. 소련의 6·25전쟁 전략

제5장 | 소련의 6·25전쟁 지원과 전략

1. 스탈린과 6·25전쟁

6·25전쟁은 스탈린의 전폭적인 지원과 치밀한 준비가 없었으면 발생할 가능성이 희박한 전쟁이었다. 이러한 측면에서 스탈린의 역할은 6·25전쟁을 논할 때 빼놓을 수 없는 요소이다. 6·25전쟁의 기원에 대한 연구들은 스탈린의 역할을 분석하는 입장에 따라 대략 두 가지로 나뉘어 왔다. 하나는 스탈린 역할의 적극성을 부각한 연구로 스탈린이 미국에 대한 롤백(rollback)을 시도하였다는 시각이다. 소진철과 김영호의 연구가 이에 해당한다.[223] 반면 스탈린의 개입은 인정하나 김일성의 주도적인 전쟁 역할을 주장하는 연구가 존재하는데 구소련의 공개 자료를 활용한 연구들이 주로 이에 해당한다.[224]

스탈린의 전쟁에 대한 역할은 그의 의도와 연관되어 있다. 그가 전쟁을 통하여 추구하였을 목표가 곧 그의 의도에 해당하며, 그는 이를 위하여 익히 알려진 대로 무기와 장비를 지원하고 작선 계획을 수립하였으며 나중에는 공군력을 지원하였던 것이다. 문제는 그

223) 소진철, 『한국전쟁의 기원: 국제공산주의의 음모』(익산: 원광대학교 출판부: 1977); 김영호, 『한국전쟁의 기원과 전개과정』(서울: 성신여자대학교 출판부, 2006).

224) 대표적인 예로 구소련 자료의 번역과 해석에 많은 관여를 한 캐더린 웨더스 등이 있다. Kathryn Weathersby, "Soviet Aims in Korea and the Origins of the Korean War, 1945-1950: New Evidence from Russian Archives," *CWIHP Working Paper No. 8* (Washington D.C.: Woodro Wilson Center, 1993).

의 전쟁 목표에 대하여 공식적으로 밝혀진 자료가 없어 이를 추정할 수밖에 없다는 것이다. 6·25전쟁과 관련된 소련의 전략을 이해하기 위하여서는 스탈린의 목적을 분명히 규명하는 것이 대단히 중요하다. 단 이것이 명시적으로 드러나 있지 않기 때문에 타당한 소련의 목표를 추론해 보아야 한다.

전쟁이 발발한 지 얼마 되지 않은 시점에서는 소련의 의도에 대하여 많은 추측들이 있었고 소련보다는 중국이 이를 더 선호하였을 것이라는 주장도 있었다. 당시 소련은 한국으로부터 특별한 이익을 얻지 않았고 유럽에서 서구와 전쟁을 피하기 위하여 극도로 조심하였기 때문이다.[225] 마치 중국이 6·25전쟁에 개입하자 몇몇 한국인들이 이것이 중국의 본심이 아니라 소련의 압력에 의한 것이라고 주장한 것과 비슷한 맥락이다.

예의 유명한 스탈린과 김일성 사이의 대화에서 김일성은 상황이 무르익어 전 국토를 무력으로 통일할 때가 다가왔다고 주장하며 자신의 군대는 강하고 남한에는 강력한 빨치산의 지원이 존재한다고 하였다. 이에 대해 스탈린은 북한군이 아직 남한에 대해 절대적인 우위를 확보하지 못하고 있으며 미군이 개입할 염려가 있음을 이유로 남침에 반대하였다. 스탈린은 그러나 남쪽으로부터 먼저 공격해오면 그때는 모든 사람이 김일성의 행동을 이해하고 지원할 것이라고 하였다.[226]

김일성에게 스탈린의 언명은 남한이 먼저 도발할 경우에만 남침이 가능하다는 제한적인 허용을 의미했다. 그런데 이러한 제한적 허용이 1950년 1월에는 상당히 긍정적으로 바뀌었다. 1월 19일 슈티코프를 통해 보고된 전쟁을 허락해 달라는 김일성의 전문에 스탈린은 30일 전문을 보내 논의할 준비가 되어 있고 지원할 용의가 있다고 밝혔던 것이다.[227] 그리고 4월에는 김일성과 박헌영을 불러들여

225) Isaac Deutscher, *Stalin: A Political Biography, Second Edition* (New York: Oxford University Press, 1967), p. 600.

226) Volkogonov 저, 한국전략문제연구소 역, 『스탈린』 (서울: 세경사, 1993), pp. 367-368.

전쟁에 대한 최종 논의를 하였으며 정치국 회의를 통해 이를 결정하였다.[228]

스탈린은 1946년까지만 하더라도 북한을 방어하는 데 중점을 두었다가 1949년에는 남침을 제한적으로 허락하였으며 1950년에는 이를 전면적으로 수락하였다. 물론 스탈린의 남침 수락은 단순한 언술에 머무르지 않고 막대한 무기를 제공하고 작전계획 수립과 부대운용을 지도할 고문단을 추가로 파견하는 등 실질적인 전쟁 지원을 의미하는 것이었다. 스탈린은 적어도 남침을 고려하지 않다가 1949년부터는 전쟁을 가능한 경우의 수 가운데 넣어두기 시작하였고 1년 뒤에는 이를 지원하는 중요한 결심을 한 것이다.

스탈린이 전쟁에서 한 역할은 그동안 수많은 연구에 의해 규명되었다. 그의 발언과 그가 김일성이나 마오쩌둥과 주고받은 서신과 전문은 제한적이기는 하지만, 이미 여러 각도에서 정밀하게 분석되었다. 다만 북한의 입장과 시각이 반영된 자료가 공개되지 않은 것이 문제이나 6·25전쟁의 큰 구도 안에서 스탈린의 행적과 영향은 대략 밝혀졌다. 그럼에도 불구하고 여전히 남아 있는 질문은 이 전쟁이 스탈린에게 지니고 있는 의미이다. 이것이 그에게는 동기가 되었을 것이며 그의 행동을 규정짓는 정책적 범위 내지는 전략적 목표를 제공하였을 것이다. 아직 명쾌하게 스탈린이 6·25전쟁을 추구하고자 하였던 것을 규명할 수 없지만 최근 러시아 학계의 연구를 통해 가늠해 볼 수는 있다.

2. 6·25전쟁 이전 소련의 안보정책

스탈린은 1920년대부터 제국주의와 공산주의 두 가지 관점의 안보정책을 추구하였다. 이 두 가지 패러다임의 안보정책은 소련이 처한

227) 같은 책, p. 370.
228) 박명림, 『한국전쟁의 발발과 기원 I』, p. 146.

안보 상황에 따라 채용되었으며 소련의 이익을 극대화하는 목적으로 각기 처방되었다. 스탈린이 두 상반되는 안보정책을 동시에 구사할 수 있었던 이유는 그가 소련을 공산주의 혁명의 기지로 이해하고 소련의 사명을 사회주의를 전파하며 이를 기반으로 한 대제국을 건설하는 것으로 인식하였기 때문이다. 그의 모델은 러시아를 개혁하고 성장시킨 이반 IV세와 피터 대제였다. 그는 자신을 소비에트 제국의 창시자이며 러시아 제국의 상속자로 이해한 것이다.[229)]

스탈린은 제2차 세계대전을 치르는 동안 제국주의적 안보정책 즉 제정 러시아의 전통적인 안보정책을 택하였다.[230)] 스탈린은 강대국들과 조화를 이루면서 주변의 약소국 영토를 잠식하여 외부의 침략에 대비하여 버퍼를 형성하는 데 주력하였다. 스탈린은 미국 및 영국과 세력균형을 유지해 가면서 소련의 영향권을 확보하고자 하였다. 이 시기 작성된 소련의 대외정책 전략 문서들은 지정학에 근거한 소련의 팽창 계획을 주로 다루고 있다. 예를 들면 이반 마이스키(Ivan Maisky)와 막심 리트비노프(Maxim Litvinov)는 유럽과 아시아에 걸쳐서 절대적인 부와 권력을 점유하고 중소 규모의 국가들에 둘러싸인 팍스 소비에티카(Pax Sovietica) 구상을 제공하였다. 이들의 구상은 프롤레타리아 혁명을 전혀 고려하지 않았다.[231)] 사실 스탈린 자신이 전쟁말기에는 1815년 비엔나 체제에 참석한 알렉산더(Czar Alexander)와 같은 태도를 취하였다.[232)]

이 시기 스탈린은 연합국과 공조를 유지하는데 진력하였고 적어도 미국 및 영국과 전후에도 우호적인 관계를 유지할 수 있을 것으로 전망하였다. 스탈린은 얄타 체제를 통하여 폴란드 영토의 일부를 병합하였고 외몽고에서 독점적인 지위를 인정받았으며 영국과 함께 중부 유럽 국가들을 나누어 소련의 영향권으로 확보하였다. 스탈린

229) Vladislav Zubok and Constantine Pleshakov, *Inside the Kremlin's Cold War* (Cambridge: Harvard University Press, 1996), pp. 13-16.
230) Ibid., pp. 28-35.
231) Ibid., pp. 28-29.
232) Ibid.

의 자본주의 국가들에 대한 협력은 단기적인 측면에서 소련에 이익을 주었을 뿐만 아니라 장기적으로도 손해 볼 것이 없었다. 스탈린은 궁극적으로 자본주의 국가들은 자체적인 모순으로 인하여 붕괴되거나 서로 분쟁할 것이므로 그로서는 시간이 지나면 소련은 자연스럽게 더 큰 권력을 가지게 될 것으로 전망하였다.[233]

스탈린이 전후 연합국과의 관계에서 불안을 느끼기 시작하였던 것은 미국이 일본에 핵폭탄을 투하하였을 때였다. 원자폭탄의 가공할 만한 위력에서 스탈린은 심각한 안보 불안을 느끼게 되었고 소련에 이를 공개하지 않았던 미국의 태도에서 스탈린은 미국과 전후 질서에서 협조를 계속해 갈 수 있을 것인가 하는 의구심을 갖게 되었다. 스탈린은 핵폭탄이 강대국 사이의 균형을 파괴한 것으로 이해하였고 전력을 다하여 핵무기를 개발할 것을 결심하였다. 사실 스탈린은 미국의 원자폭탄 개발에 대한 이해는 가지고 있었으나 이것이 가져올 국제관계상의 영향에 대해서는 실제 히로시마에 투하되기 전까지 예측하지 못하였던 것이다.[234]

핵무기 투하와 그에 뒤이은 종전, 그리고 전후 질서 속에서 스탈린이 연합국에 대해서 가지고 있던 긍정적인 기대는 그리스와 터키에서 발생한 사태와 이후 선포된 트루먼 독트린에 의해 사그라졌다. 더욱이 미국이 마셜 계획에 의해 피폐된 유럽에 원조를 제공하자 스탈린은 프랑스와 이탈리아를 비롯한 유럽 각국에서 공산당 세력의 퇴조를 목도하게 되었고 이로 인해 더욱 미국에 대해 반감을 지니게 되었다.

스탈린은 이 무렵 안보정책을 전통적인 제정 러시아의 안보정책에서 공산주의 혁명의 수출에 의한 안보정책으로 전환하기 시작하였다. 소련 주변 국가에 공산주의를 확산시키고 그곳에 공산주의 정권이 수립되면 소련의 안보가 공고해진다는 논리였다. 사실 스탈린은 서방 국가들과의 공조를 위하여 그리스와 다른 지역에서의 혁명

233) Ibid., pp. 34-35.
234) Ibid., pp. 40-41.

을 부추기는 것을 자제하여 왔다. 그런데 미국이 핵무기를 보유하고 또한 소련에 대한 대립적인 정책을 취하는 것에 회의를 품게 되었고 소련의 안보를 보장해 줄 새로운 패러다임의 안보정책을 선택하게 된 것이다.[235]

이 시기 소련은 독일 문제를 둘러싸고 서방 국가와 대결하였다. 서부 독일을 점령한 연합국들이 독일의 재건이 유럽 부흥의 관건임을 인식하여 미국, 영국, 프랑스가 점령한 지역의 통합을 결정하고 화폐를 통일한 것이다. 이에 소련은 강력히 반발하여 베를린 봉쇄로 대응하였다. 연합국과 소련 모두 전후 독일의 향방에 대해 나름대로 전략적 이해를 가지고 있었다. 어느 쪽도 상대방이 부흥되고 통일된 독일과 연합하는 것을 가장 피하고자 하였다. 이는 제2차 세계대전의 악몽을 재현하는 것이라고 판단하였기 때문이었다. 소련은 연합국 측이 의도적으로 독일을 부활시켜 소련과 대적할 것으로 판단한 것이다.

베를린 봉쇄는 그러나 소련에게 의도하였던 성과를 안겨 주지 못하였다. 도리어, 소련은 1949년 4월 북대서양조약기구의 탄생을 보게 되었다. 나토는 유럽 방위에 미국을 상시적으로 끌어넣었으며 유럽 국가들에 대한 미국 핵전력의 확장억제를 제공하도록 하였다. 미국의 깊숙한 개입으로 인하여 전후 유럽은 부흥하기 시작하였고 강력해지기 시작한 것이다. 게다가 1949년 말 티토가 추구했던 유고슬라비아의 독자 노선은 스탈린에게 공산권의 약화와 소련 위신의 실추로 받아들여졌을 것이다.

한편 스탈린은 아시아에서 공산주의의 승리를 보게 되었다. 1949년 10월 10일 중국의 공산당은 장제스가 지도하는 국민당을 본토에서 축출하고 북경에 정부를 수립하였다. 이는 스탈린이 그다지 예측하지 못했던 사태였다. 서방세계는 거대한 두 공산주의 국가의 출현에 놀랐고 연합을 경계하였다. 스탈린에게 흥미로웠던 것은 미국이 유럽에 강력하게 개입하였지만 중국의 정세 변화에는 그다지 적극

235) Ibid., p. 45.

적으로 개입하지 않고 물러났다는 것이다. 스탈린은 아시아 공산주의자들의 성과를 경계하면서도 새로운 전략적 가능성을 발견하였다. 그의 이데올로기에 의한 안보정책이 적어도 아시아에서는 성공적으로 구현될 가능성을 보았을 것이다.

3. 소련의 대한반도 정책 변화

스탈린은 이러한 맥락에서 한반도 문제를 새로이 인식하였을 것이다. 그는 처음 한반도에 대한 특별한 이해를 추구하였으며 이것은 한반도가 주변 세력이 소련을 공격하는 경로로 활용되지 않는 것이었다. 소련군이 일본군의 항복과 더불어 진주하였을 때 그는 소련군이 점령한 북한 지역에서의 사회주의를 추구하였다. 이 시기 스탈린은 제정 러시아 차르들과 동일한 안보정책을 추구하였으며 서방 국가들과의 협력을 모색하고 있을 때였다. 그는 북한에 신속히 소비에트 질서를 구축하였고 북한에 현대식 군사력을 육성하는 데 관심을 두었다. 그러나 스탈린이 프롤레타리아 혁명에 의한 방식으로 안전보장 전략을 수정하고 서방국가들과 더 이상 공조를 포기하면서 한반도는 그의 새로운 전략을 시험할 수 있는 중요한 기회의 창으로 인시됐다

스탈린이 한반도에 대하여 시기별로 상이한 두 가지 의도를 가지고 있었던 것은 스탈린과 주요 소련 인사의 발언과 정책에서 드러난다. 스탈린은 루스벨트가 얄타회담에서 한반도에 대하여 강대국에 의한 신탁통치를 시행하고 기간은 20-30년이 될 것이라고 하자 기간이 짧을수록 좋다고 하였고 어떠한 외국 군대가 주둔하는지 질문하였다.[236] 이는 근본적으로 극동에 미군이 주둔하게 될 것인가를 확인하는 질문이었다.[237] 루스벨트가 그렇지 않다고 하자 스탈린은

236) *FRUS. The Conferences at Malta and Yalta, 1945*, p. 770.
237) 박명림, 『한국전쟁의 발발과 기원 I』, pp. 75-76.

신탁통치에 대하여 동의하였다. 스탈린에게 극동은 적어도 자신에게 불리한 여건이 조성되지 않는 곳으로 남겨두어야 했는데 그의 뜻이 자연스럽게 루스벨트의 호의로 달성된 것이다.

스탈린의 의도는 극동에서 그의 분신처럼 활약하던 슈티코프의 언행에서도 드러난다. 1946 연해주 군관구 군사위원인 슈티코프는 제1차 미소공동위에 참석하여 소련은 조선이 소련에 대하여 우호적이며 향후 소련에 대한 공격기지로 변화하지 않는 것에 관심이 있음을 천명하였다.[238] 슈티코프의 발언은 한반도에 대한 소련의 의도를 그대로 드러낸 것이기도 하다. 러일전쟁의 기억을 가지고 있는 소련은 한반도가 그 당시와 동일한 역할을 하지 않도록 하는 데 일차적인 목표를 가지고 있었던 것이다.

한반도 북부를 점령할 당시 스탈린은 소련이 점령한 지역에서 사회주의 국가를 건설하고자 하였다. 스탈린은 제2차 세계대전 중 유고의 질라스(Milovan Djilas)와 행한 대담에서 그는 점령지역에 대하여 점령군의 체제를 이식하는 것이 당연하다는 의견을 피력한 바 있다.[239] 비록 스탈린이 북한 점령 초기 '북조선에 있어서 소련군 부대와 지방정권 기관 및 주민과의 상호 관계에 대한 소련군 최고 사령관 지령'을 하달하여 소련이 북한 내에 소련형 정치기관을 수립하지 않을 것과 조선인이 주도하는 정당결성을 방해하지 않을 것을 강조하였지만[240] 그의 지령은 다만 점진적으로 소련 질서를 구축하겠다는 의도를 내포하고 있는 것이었다.

스탈린은 1946년 7월 모스크바에서 김일성과 박헌영에게 북한의 방위에 대한 중요한 지침을 하달하였다. 그는 북한이 미국과 남한의 위협으로부터 벗어나기 위하여 강력한 현대적 군사력을 창설하여야 하고 중공업 중심의 산업발전을 달성해야 한다고 지적하였다. 특별히 군사력 건설에 대한 그의 지침에 따라 소련군 총참모부 슈테멘

238) *FRUS 1946, Vol. III*, p. 653.

239) Milovan Djilas, *Coversation with Stalin* (New York: Harvest Book, 1962), p. 114; 박명림, 『한국전쟁의 발발과 기원 II』, p. 76.

240) 박명림, 『한국전쟁의 발발과 기원 II』, pp. 87-88; 『동아일보』, 1993. 2. 26.

코 장군이 북한군 창설의 기획을 담당하였고 슈티코프와 제25군 사령부가 현지 지원을 담당하였다.241) 스탈린이 북한에 강력한 군대를 창설하라고 주문한 것은 스탈린이 확보한 지역에 대한 사회주의 체제를 공고히 하려고 하였음을 보여준다. 적어도 이 당시의 목적은 남침이 아니었다. 그 스스로 미국과 남한의 위협에 대비한 군비 건설임을 명시하였기 때문이다.

스탈린의 안보정책이 변화한 뒤 한반도의 상황은 소련에게 새로운 기회를 제공하는 것으로 인식되었을 것이다. 유럽에서 독일문제로 서구 국가들과 대치하던 상황과 달리 아시아에서 소련은 공산주의 세력의 약진을 경험하였다. 공산주의 중국의 설립은 스탈린이 추구하는 안전보장 전략의 타당성을 입증함과 동시에 새로운 가능성을 열어준 사건이었다. 스탈린으로서는 이 시기 유럽에서의 약세와 아시아에서의 강세를 전략적으로 활용하여 자신의 입지를 강화하고자 하였을 것이다. 더군다나 스탈린은 아시아에서 공세를 취함으로 유럽에서 실추된 소련의 위상을 만회할 수도 있었을 것이다. 스탈린은 또한 자유주의 진영 국가들의 관심을 유럽으로 돌리고 유럽에서 새로운 가능성을 모색하는 것도 가능하였다. 만일 서방국가들이 아시아의 사태에 관심을 돌리지 않는다면 사태는 고스란히 소련의 이익으로 남을 터였다. 스탈린은 얄타 체제를 포기하고 새로운 활로를 모색하고자 하였다. 그는 김일성의 전쟁 요청을 승인하였고 지원을 약속하였다.242)

4. 소련의 6·25전쟁 전략

소련의 전략을 고찰하기 위하여 스탈린이 전쟁에 동의한 이유를 연

241) 김광수(2008), p. 61.

242) Vladislav M. Zubok, *A Failed Empire* (Chapel Hill: The University of North Carolina Press, 2009), pp. 78-80.

구한 다른 연구자들의 견해를 참조할 필요가 있다. 연구자들은 당시 국제적인 구도와 스탈린의 전략적인 이익에서 해답을 찾고 있다. 곤차로프(Sergei N. Goncharov)는 스탈린이 북한에 의한 남한 점령을 통해 극동에서 버퍼 존을 확장할 수 있고, 일본에 대해 정치적 지렛대를 확보할 수 있으며, 미국의 (극동지역 지배에 대한) 의지를 확인할 수 있으며 유럽에 대한 미국의 영향력을 전환하고자 하였을 것이라고 분석하였다.243) 아울러 그는 스탈린이 미국과 중국이 서로 접근하는 것을 방지하기 위한 쐐기로 전쟁을 활용하였을 것이라고 주장하였다.244)

한편 케난은 다른 측면에서 스탈린의 전쟁 승인 의도를 분석하였다. 그는 스탈린이 미국이 일본과 단독 강화조약을 체결하고 일본에 미군 기지를 주둔시키는 것에 대해 반발하였을 것을 지적하였다.245) 이는 스탈린으로서는 대단히 피하고 싶은 상황일 것이며 특히 미국의 봉쇄에 일본이 동참할 것으로 보이는 상황에서 무엇인가 조치를 취하지 않을 수 없다고 보았다. 결과적으로 스탈린은 전쟁에 동의하여 김일성에게 청신호를 주었으며 전쟁할 수 있는 능력을 제공하였다.

곤차로프의 주장을 인용하면 스탈린은 전쟁을 통해 남쪽으로 버퍼 존을 확장하며, 일본에 대한 정치적 지렛대를 확보할 수 있고, 미국의 한반도 방위에 대한 의지를 확인할 수 있으며, 유럽에 집중된 미국의 영향력을 감소시킬 수 있고, 중국과 미국의 사이를 갈라놓을 수 있었다. 분명히 전쟁을 통해 스탈린은 남쪽으로 버퍼 존을 늘릴 수 있다. 그러나 이것을 위해 전쟁까지 치렀어야 하는가, 즉 미국과의 충돌 위협을 감수할 만한가 하는 점을 고려해 볼 수 있다. 그러나 일본에 대한 정치적 지렛대를 확보할 수 있다는 관점에서

243) Sergei N. Goncharov, John W. Lewis, and Xue Litai, *Uncertain Partners: Stalin, Mao, and the Korean War* (Stanford: Stanford University Press, 1993), p. 139.

244) Ibid., p. 145.

245) George F. Kennan, *Memoirs, 1925-1950* (New York: Pantheon Books, 1967), p. 498.

스탈린은 적어도 전쟁이라는 충분한 대가를 지불할 의도가 있었다고 보인다. 극동에 있어서 소련의 안보에 가장 불안을 미치는 요소는 재무장하는 일본이었기 때문이다.

미국의 한반도 방위에 대한 의지를 확인하는 것은 굳이 전쟁을 무릅쓸 만한 동기가 되지 않을 것으로 보인다. 이는 전쟁을 통해 부수적으로 얻을 수 있는 부산물로 여겨지기 때문이다. 유럽에 대한 미국의 개입을 유럽 이외의 지역 즉 아시아로 전환시키는 것은 상당히 개연성 있는 목적으로 보인다. 소련이 유럽에서 안정과 번영을 누리는 길은 미국의 개입이 축소되어야 가능하다고 스탈린은 굳게 믿고 있었고 이는 타 지역에서의 국지적인 분쟁 정도가 발생하여 미국이 주의를 돌리지 않으면 불가능하기 때문이다. 그러나 중국과 미국 사이에 쐐기를 박기 위해 전쟁을 일으켰다는 설득은 다소 문제가 있어 보인다. 현실 정치를 누구보다 잘 이해하고 있는 스탈린이 강대국 사이의 관계를 그토록 단순하게 이해하였으리라고 보이지는 않는다. 스탈린 본인이 제2차 세계대전을 치르기 위해 제국주의 국가이며 혁명을 방해하였던 미국, 영국과 연합한 전력이 있다. 결국 곤차로프의 주장 가운데 일본에 대한 지렛대를 확보하기 위해 또한 유럽에 집중된 미국의 전력을 전환하기 위한 의도로 전쟁을 일으켰다는 것이 설득력 있게 받아들여진다.

케난의 주장 즉, 미국과 일본의 단독 강화와 일본 내 미국의 군사기지를 설치하는 상황이 소련으로 하여금 전쟁을 승인하였을 것이라는 주장은 주목할 필요가 있다. 소련은 극동에서 가장 중요한 위협으로 재무장한 일본을 고려하였다. 때문에 이러한 일본이 한반도를 통해 소련에 접근하지 못하도록 막기 위해 북한을 사회주의 국가로 건설하고자 하였다. 문제는 이것이 전쟁을 통해서만 가능하냐 하는 것이다. 만일 한반도 전체가 공산화되면 일본은 재무장하여도 소련에 대한 접근로를 상실하게 된다. 미국 역시 일본에 기지를 보유하여도 소련의 관점에서 보면 아시아에 대한 접근로인 한반도를 상실한 셈이 된다. 이러한 관점에서 보면 소련은 전쟁을 수행할 만한 동기를 지니고 있었다고 이해될 수 있다.

스탈린이 6·25전쟁을 둘러싸고 추구하였던 전략은 소련의 영향권 구축을 위한 오랜 시도와 좌절로부터 찾는 것이 타당하다. 유럽에서 소련은 전후 유럽과 아시아에 걸쳐 도전받지 않는 영향권을 구축하려고 하였으나 미국의 적극적인 개입으로 인해 좌절을 겪게 되었다. 이러한 상황 가운데 돌파구로서 모색한 것이 극동에서의 도발이었으며 이는 여러모로 소련에 이익이 될 만한 조건을 가지고 있었다. 소련은 결국 미국을 비롯한 서구 국가들의 주의를 돌리기 위한 목적에서 6·25전쟁을 활용하였다. 이는 아시아와 유럽에 걸쳐 존재하고 있는 소련의 지정학적인 특성에 근거한 전략이었다.

소련의 전략은 결과적으로 소련의 지정학적 위치를 십분 활용한 전통적 사고방식에 의한 것으로 볼 수 있다. 유럽의 상황에 늘 개입하여 소련의 이익을 추구하면서도 아시아에서의 상황을 충분히 활용할 수 있는 소련의 지정학적 융통성이 소련이 6·25전쟁을 시도한 근간으로 이해될 수 있다. 거꾸로 이는 유럽만이 아니라 아시아에서도 안전보장을 확보해야 하는 소련의 딜레마로 작용하기도 한다. 소련이 한반도를 공격 경로로 인지한 것과 특히 일본을 견제하려고 하였던 것 역시 소련의 안보에 대한 기본적 염려를 보여준다. 6·25전쟁은 이러한 소련의 지정학적 전략에 근거한 공수 겸장의 목적을 가진 전략의 일환이었던 것이다.

제6장 | 중국의 6·25전쟁 개입 정책과 전략

1. 개입
2. 중국군의 전쟁수행
3. 6·25전쟁 개입 이전 중국의 안보정책
4. 중국 정부의 전쟁수행 방침
5. 중국의 전쟁수행 전략

제6장 | 중국의 6·25전쟁 개입 정책과 전략

1. 개입

중국의 6·25전쟁 개입은 중국으로서는 필요한 것이었고, 소련에는 뜻밖의 수확이었으며, 북한에는 절대적인 구원이었고, 유엔 참전국들에는 뜻하지 않던 재앙이었다. 중국의 참전은 6·25전쟁의 방향을 극적으로 바꾸어 놓았다. 중국이 개입함으로써 전쟁은 국제전의 성격을 보다 분명하게 띠게 되었고, 중국의 참여로 전세가 반전되어 유엔군은 한반도를 통일할 기회를 상실하게 되었으며 지루한 교착상태를 거쳐 정전으로 전쟁을 매듭짓게 되었다.

중국은 유엔군의 반격으로 북한군의 상황이 악화된 이후 1950년 10월 1일 소련으로부터 참전 요청을 받자 출병 여부를 결정짓기 위한 내부적 논의를 실시하였다. 스탈린은 전문을 통해 북한군이 재편성할 여유를 가질 수 있도록 최소한 5-6개 사단을 38도선 일대로 파견할 것을 요청하였다. 아울러 스탈린은 자신의 중국군 요청 사실을 북한에는 알리지 않았으며 중국군의 지휘는 중국인 지휘관이 맡을 것임을 명시하였다.[246] 소련의 요구에 대한 중국 지도자들의 반응은 마오쩌둥을 제외하고 대부분 부정적이었다. 이러한 중국 지도부의 입장은 10월 2일 발송한 것으로 알려진 한 통의 전문과 실제 3일 발송된 다른 한 통의 상반된 중국의 입장에 잘 드러나 있다. 10월 2일 발송한 것으로 중공 중앙문헌연구실에 의해 작성된 『建國以來毛澤東文稿』에서 마오쩌둥은 12개 사단으로 구성된 의용군을

246) A. V. 토르쿠노프 저, 구종서 역, 『한국전쟁의 진실과 수수께끼』 (서울: 에디터, 2003), pp. 201-202.

10월 15일 파병하겠다고 하였으나, 1995년 러시아 문서고에서 발견된 10월 3일자 전문에서는 출병이 미국과 중국의 직접적인 충돌을 야기할 것이므로 군대를 파견하지 않고 차후의 전투에 대비해 준비하는 것이 좋겠다는 소극적인 입장을 표명하였다.[247]

중국의 유보적인 반응은 소련 당국자들의 입장을 곤혹스럽게 하였다. 10월 5일 소련의 공산당 중앙정치국 구성원들은 회의를 열고 한반도에서의 전쟁이 미국과 소련의 대결로 확전되지 않을 것임을 확언하는 한편 중국이 참전하여 미군을 격퇴하는 것이 가장 좋은 방법임을 재확인하였다. 스탈린은 이를 바탕으로 다시 마오쩌둥에게 전문을 보내어 미국이 본격적으로 전쟁을 준비하지 않았으며 중국이 참전만 하면 미국은 한반도 점령을 포기할 것이라고 조언하였다. 아울러 스탈린은 만일 중국이 참전하지 않으면 미국은 중국을 업신여길 것이며 타이완과 일본에서 영향력을 증가시켜 극동에서의 전진기지로 만들 것이라고 예측하면서, 전쟁이 불가피하다면 조건이 좋은 지금 시작하는 것이 유리하다고 설득하였다. 스탈린은 유럽은 군사적으로 가망이 없고 한국과 일본이 향후 대륙에 대한 전진기지가 되는 것보다 오히려 현재가 더 낫다고 평가하였다.[248]

실은 마오쩌둥 역시 참전을 위해 다른 중국 지도자들을 설득하고 있었다. 마오쩌둥은 10월 4일 서안에서 활동 중인 펑더화이(彭德懷)를 긴급히 소환하여 재차 북한에 대한 군사원조 문제를 논의하였다. 10월 5일부터 속개된 회의에서 마오쩌둥은 정치국 지도자들을 설득하여 지원군을 파견하기로 하였으며 펑더화이를 사령관 및 정치위원에 임명하기로 하였다. 아울러 저우언라이(周恩来)를 모스크바에 파견해 소련과 군사원조 문제를 논의하기로 하였다. 마오쩌둥은 이러한 결정을 바탕으로 10월 7일 소련 대사를 만나 북한에 9개 사단을 파병하기로 하였음을 통보하였고 10월 8일에는 중국인민지원군

247) 이완범, "중국인민지원군의 한국전쟁 참전 결정과정," 박두복 편, 『한국전쟁과 중국』 (서울: 백산서당, 2001), pp. 218-219.
248) A. V. 토르쿠노프 저, 구종서 역(2003), pp. 205-206.

명령을 정식으로 하달하고 김일성에게 통지하였다.[249)]

어렵게 국내의 반발을 무마한 마오쩌둥은 뜻하지 않은 문제에 봉착하였다. 스탈린과 군사원조 문제를 협의하기 위해 흑해 근처의 휴양지로 향했던 저우언라이와 린뱌오(林彪)가 중국군에 대한 소련군의 공군 엄호가 불가능하다는 통보를 받은 것이다. 군사 사찰단을 북한에 파견해 놓고 있던 중국군은 미 공군의 위력에 대해 절감하고 있었기 때문에 소련 공군이 엄호를 제공하지 않겠다는 것을 심각하게 받아들였다. 게다가 스탈린이 수차례에 걸쳐 공군 지원을 약속하고 있었기 때문에 소련의 번의는 마오쩌둥을 비롯한 중국 지도자들을 당혹스럽게 만들었다. 저우언라이와 린뱌오가 스탈린을 재삼 설득하자 결국 스탈린은 마지못해 동북지역에 대한 소련 공군의 지원을 2개월 반 이후부터 제공하겠다는 약속을 하였다. 소련의 공군 지원 철회는 중국인민지원군의 출병을 재고하게 만들었고 양국은 10월 11일 최종적으로 북한을 포기하기로 합의하였다.[250)]

마오쩌둥은, 그러나 출병을 포기하였던 결정을 번복하여 참전을 결행하였다. 펑더화이와 가오강 등을 베이징으로 불러들여 재차 출병을 논의한 마오쩌둥은 정치국 지도자들과 함께 한반도에 출병하는 것이 유리하다는 결론에 도달하였다. 이들은 미국이 압록강 변에 도달하면 국내외적으로 반동 기운이 발생할 것이며 특히 동북 지방에 이러한 기운이 팽배할 것이라고 우려하였다. 아울러 최소한 한국군과의 교전에는 승신이 있으며 소련 장비의 지원도 기다릴 수 있고, 공중과 지상의 우세를 기다려 공세를 취할 수도 있다고 판단하였다. 이들의 결론은 참전해야 이익이 크고 참전하지 않으면 손실이 크다는 것이었다. 마오쩌둥은 즉각 이러한 내용을 10월 13일 스탈린에게 전달하였으며 스탈린은 "중국 동지들의 결정에 감동"하였다.[251)] 결국 동북변방군은 10월 19일부터 중국인민지원군으로 6·25

249) 楊奎松, "중국의 한국전 출병 시말," 박두복 편(2001), pp. 305-306.

250) 같은 논문, p. 307.

251) A. V. 토르쿠노프 저 구종서 역(2003) pp. 208-209; 楊奎松(2001) pp. 308-309.

전쟁에 참전하게 되었다.

중국이 출병을 결정한 이유 가운데에는 소련과의 관계에 대한 고려도 포함되어 있었다. 마오쩌둥은 스탈린이 중국 혁명 성공 이후 중국을 또 다른 유고로 자신을 제2의 티토로 인식하고 있음을 알고 있었다.[252] 1935년부터 마오쩌둥이 중국 공산당 내에서 실권을 장악하기 시작하였을 때 그는 국제파, 주로 소련에서 유학한 천샤오위(陳紹禹) 등을 타도하였다. 아울러 1941년부터 1942년 즉 소련이 가장 곤경에 처하였던 시기인 제2차 세계대전의 초반기에 중국 공산당은 적극적으로 대일전을 전개하지 않았다. 또한 1945년 중공 7전대회에서 중국 공산당은 혁명을 위한 실천적 통일 사상으로서 마르크스·레닌주의 이론과 함께 마오쩌둥 사상을 천명하였다. 이는 소련이 볼 때 마르크스와 레닌 사상이 지닌 보편성을 부인하는 처사였다. 이러한 연유로 소련은 중국을 의혹의 눈초리로 보고 있었으며 중국은 이를 불식시켜야 할 필요를 가지고 있었다. 결과적으로 중국의 참전은 소련의 의혹을 일거에 해소하는 계기가 되었다. 후일 마오쩌둥은 스탈린이 1950년 겨울에 가서야 중국이 유고가 아니고 그 자신이 티토가 아님을 믿게 되었다고 고백하였다.[253]

2. 중국군의 전쟁수행

중국은 전쟁 초기 제한된 목표를 추구하였다. 제한된 목표는 저우언라이가 10월 24일 중국인민정치협상회의에서 행한 발언에 잘 드러나 있다. 그는 중국의 목적이 "미국이 물러나고 전쟁을 국지화시키며 미국으로 하여금 평화를 접수하게 하는 것"이라고 언급하였다.[254] 초기 중국인민지원군 사령관이었던 펑더화이도 지원군의 임

252) 박두복, "중국의 한국전쟁 개입원인: 개입결정의 피동적·능동적 측면," 박두복 편(2001), p. 171.
253) 같은 논문, pp. 171-175.

무를 "적극적으로 침략자에 대항하는 조선인민을 원조하고 혁명 근거지를 보호 지속시켜, 기회를 보아 적을 소멸할 기지로 삼는 것"이라고 선언하였다.[255] 마오쩌둥과 정치국 지도자들은 중국군의 참전을 통하여 북한 지역을 회복하는 것을 당면 과제로 판단하였다.

여기에는 중국 지도자들의 미국의 국력과 군사력에 대한 냉정한 평가도 작용하고 있었다. 마오쩌둥은 일찍이 소련의 참전 요청에 대하여 "중국군의 장비가 극도로 빈약하여 수개 사단을 파병하더라도 승리할 수 없으며 … 파병하였다가 패배할 경우 본격적인 중미대결이 이루어질 것이며, 중국 내부의 건설은 불가능하게 될 것"이라고 거절하는 내용의 전문을 보낸 바 있다.[256] 그는 중국의 열세한 전력을 잘 인식하고 있었고 미국과의 대결에서 무모하게 확전을 추구하려고 하지 않았다.

중국은 6·25전쟁에 참전하며 '적극적 방어' 전략을 구사하였다. 적극적 방어 전략은 중국이 혁명전쟁 당시 우세한 국민당 군대에 대항하며 개발한 전략이다. 이 전략은 전략적으로는 방어를 실시하며 전술적으로는 공격을 감행하여 주도권을 유지하고 전반적인 상황을 유리하게 변화시켜 가는 전략이다. 이 전략의 핵심은 강한 적에 대하여 무모한 결전을 회피하는 것이다.[257] 중국공산당의 혁명과정에서 무모한 결전을 시도하였던 경우 대부분 공산당은 처참한 실패를 경험하였었다. 적극적 방어 전략은 6·25전쟁 당시 중국의 제한적인 전쟁 목표에 부합한 전략이었다.

중국은 작전적인 차원에서도 적극적 방어를 실시하고자 하였다. 중국은 강력한 미군 전력 특히 공군력을 의식하여 초반에는 원산과

254) 『周恩來軍事文選, 第四卷』, p. 92, 109; 章百家, "위기처리 시각에서 본 항미원조 출병결정," 박두복 편(2001), p. 193에서 재인용.

255) 軍事科學院軍事歷史研究所 편 한국전략문제연구소 역, 『中國人民志願軍 抗美援朝戰史』 (서울: 세경사, 1991), p. 13.

256) Evgueni Bajanov, "Assessing the Politics of the Korean War, 1945-51," Woodraw Wilson International Center, *CWIHP Bulletin* 6/7, 1995/1996.

257) 박창희, 『현대 중국 전략의 기원』 (서울: 플래닛미디어, 2011), p. 151.

평양을 연결하는 선 이북의 산악 지역에 근거지를 구축한 다음 방어전을 시행할 계획이었다. 이를 위하여 동북변방군 예하 4개 군, 12개 사단을 투입하며 유엔군이 공격해 오면 전선 전방에서 이를 분할하여 섬멸하고자 하였다. 이어서 중국군의 훈련 수준이 향상되고 공군력이 보강되면 반격 단계로 이행할 것을 계획하였다. 이러한 방식은 과거 중국공산당 군대가 국민당과 대결하며 사용하던 '거보적 전진 과 후퇴'를 특징으로 하는 운동전과는 다른, 진지전과 운동전을 배합하는 형태이었다.[258)]

적극적 방어의 요체는 소극적인 방어와 달리 수시로 공격을 감행하는 데 있다. 중국군은 한반도에서 초반에 운동전과 진지전을 배합하여 수행하면서 유엔군의 약점을 발견하면 지체 없이 후방으로 진격하여 이를 소멸할 것을 강조하였다. 특별히 중국군은 진지를 유지하기 위해서 토지를 확보해야 하지만 그보다 더 중요한 것은 유엔군의 유생역량을 소멸하는 것으로 인식하였다. 펑더화이는 10월 9일과 16일 심양과 안동에서 이러한 내용으로 진입 전에 휘하 지휘관들을 교육하였다.[259)]

중국군의 이러한 작전 개념은 소련의 공군력 엄호 없이 참전하여야 하는 현실을 정확하게 반영한 것이었다. 중국군은 당초 개입을 위해 소련의 공군 지원을 필요로 하였지만, 적어도 산악 지역을 점령하고 운동전과 진지전을 병행하고 있으면 생존은 가능할 것으로 내다보았다. 미군의 막강한 공군력이 건재한 가운데 무모한 대규모 기동전만 전개하지 않으면 심각한 손실은 방지할 수 있었다. 그러한 가운데 유엔군의 역량을 소모시켜 가면서 적당한 기회에 반격을 시도할 수 있었다. 그리고 언젠가는 소련 공군의 지원도 기대할 수 있었다. 결국 마오쩌둥이 소련 공군의 지원이 없는 상황에서 참전을 결정한 것은 중국군이 가지고 있는 현실적인 작전 개념을 기반으로

258) 軍事科學院軍事歷史研究所 편 한국전략문제연구소 역, 『中國人民志願軍 抗美援朝戰史』, pp. 11-13.

259) 같은 책.

한 ‘건전한 판단’이었다.

중국군 지휘부가 수립한 ‘초반 진지전 이후 운동전’ 방침은 중국군의 한반도 진입과 더불어 수정되었다. 중국군이 한반도에 진입할 무렵 국제연합군이 예상보다 훨씬 빠른 속도로 전진하여 일부 부대가 한만국경에 도달하게 되어 초반부터 접전이 불가피하게 된 것이다. 아울러 국제연합군은 한반도의 지형이 가지고 있는 특성에 따라 낭림산맥을 중심으로 동서로 나뉘어 진군하여 양측의 연결이 원활하지 못하게 되었고 결과적으로 약 100km 이상의 공백이 발생하였다. 중국군이 활용할 수 있는 충분한 공간이 발생한 것이다. 뿐만 아니라 각 방면의 공격 역시 협조된 형태의 공격이 아니어서 중국군의 공격에 각개 격파당할 수 있는 취약한 상황이 되었다. 펑더화이와 마오쩌둥은 이러한 조건을 활용하여 초반부터 운동전을 실시하는 것으로 방침을 변경하였다.

마오쩌둥은 중국군이 압록강을 건너기 시작한 지 이틀 뒤인 10월 21일 새벽, 세 번에 걸친 전보를 펑더화이를 비롯한 중국군 지휘부 간부들에게 보냈다. 마오쩌둥은 유엔군 부대들이 중국군의 개입 사실을 모르고 도로를 따라 상호 연결되지 않은 채 전진하고 있었던 상황에 주목하였다. 그의 첫 전보는 이와 같은 상황을 설명하며 당시 한만국경으로 전진하던 한국군 6, 7, 8사단을 각개 격파할 것을 지시하였다. 새벽 3시 반에 타전된 마오쩌둥의 두 번째 전보는 제13병단(한국군 기준으로 군에 해당)을 중국 인민지원군사령부로 개편하여 신속히 전투를 위한 부대 배치를 완료하라고 지시하였다. 그리고 마오쩌둥은 30분 뒤에 다시 전보를 보내와서 평안남도, 평안북도, 그리고 함경도의 경계선을 형성하는 묘향산과 소백산 등을 점령하고 동서 양쪽의 적을 분리하라는 등 보다 세밀하게 작전의 주안점을 지시하였다.[260]

중국군의 제1차 전역은 유엔군이 방심하였던 만큼이나 중국군에

260) 홍학지 저, 홍인표 역, 『중국인이 본 한국전쟁』 (서울: 고려원, 1991), pp. 61-62.

게 큰 성공을 안겨주었다. 10월 25일 중국군 제120사단이 처음으로 한국군 1사단과 접전을 시작하였다. 한국군 1사단은 순조롭게만 이어지던 북진 과정에서 갑자기 강력한 적과 조우하여 퇴각하였다. 이어서 중국군 118사단이 한국군 6사단 2연대의 3대대를 기습하여 큰 성과를 올렸다. 3대대는 연대의 선두에서 전진하고 있다가 기습을 당한 것이다. 펑더화이와 마오쩌둥은 선두에 있던 한국군 6사단 7연대를 고착시키고 이를 지원하기 위해 투입될 한국군 1, 6, 8사단을 격멸하고자 하였다. 그런데 이는 희천을 점령하여 한국군 6사단과 8사단의 퇴로를 끊어야 할 중국군 38군(한국군 기준으로 군단에 해당)의 늦은 행군 속도로 인해 불발되었다. 대신 중국군은 한국군 8, 7, 1사단을 공격하기로 하고 11월 1일 일제히 공격을 개시하였다. 중국군은 운산에서 한국군 1사단을 대체하려고 진입하던 미1기병사단에 심각한 손실을 입히고 군우리에서 한국군 7사단 3연대를 돌파한 뒤 미24사단과 비호산에서 격돌하였다. 중국군 지휘부는 11월 5일 전군에 공격 중지 명령을 하달하였다.[261)]

중국은 1차 전역에서 중요한 승리를 달성하였다. 사실 중국군은 전역에서의 승리보다도 전황에 따라 새로운 전쟁 개입 방식을 선택하고 그에 의한 성과를 얻었다는 것이 큰 소득이었다. 이 때문에 소련 공군의 지원이 없어 불리한 여건 아래 당분간 진지전을 각오하였던 중국군이 상당한 전략적 이점을 누리게 되었고 6·25전쟁의 양상을 새로운 방향으로 주도해 갈 수 있게 되었다. 유엔군은 중국군의 본격적인 참전을 인지하지 못하였으며 국경의 수력 발전시설을 보호하기 위한 소규모 참전으로만 이해하였다. 중국군이 한반도에 개입하면서 시행한 기만과 위장은 미 극동군 사령부의 정보망을 무용지물로 만들었던 것이다.

중국군은 2차 전역과 3차 전역을 통하여 전과를 확대해 나갔다. 중국군이 일방적으로 접촉을 단절하였기 때문에 유엔군은 중국군에 대한 뚜렷한 대비책 없이 전쟁을 종결짓기 위해 1950년 11월 24일

261) 같은 책, pp. 82-88.

총공세를 가하였다. 이에 중국군은 다시 다음날 야간 역공세를 개시하였다. 13병단 예하 18개 사단과 9병단 예하 12개 사단으로 구성된 중국군은 서부전선에서 청천강 지역에서 유엔군 주력을 포위하여 심대한 타격을 준 뒤 청천강선을 돌파하여 평양, 사리원, 개성에 진출하였으며, 동부전선에서는 장진호, 함흥 일대에서 유엔군을 압박하여 흥남 교두보로 쇄도하는 한편 원산을 점령하여 퇴로를 차단하였다. 이에 따라 유엔군은 서부전선에서는 12월 1일부터 모든 접촉을 단절하고 철수를 시작하였으며 동부전선에서는 흥남으로부터 해상 철수를 감행하여 38도선 이남으로 자리를 잡게 되었다.

중국군은 2차 전역 이후에 유리한 조건으로 휴전을 시도할 수 있었으나 38선을 넘어 공세를 개시하였다. 실은 펑더화이는 중국군의 현실이 그동안 입은 피해로 인하여 더 이상 공격을 계속할 수 있는 상태가 아니라는 점을 들어 공세를 주저하였으나 마오쩌둥의 설득에 의하여 정치적인 이유로 공세를 재개하였다. 마오쩌둥은 미국, 영국 등 연합국이 중국으로 하여금 38선을 넘지 말도록 요구한다면서 이것이 시간을 다시 벌어 전쟁을 재개하려는 음모라고 단정한 후에 개성 남북쪽 일대에서 유엔군을 섬멸하라고 지시하였다.[262] 펑더화이는 전선의 한국군을 먼저 격멸한 후에 미군을 공격할 계획을 수립하였다. 그러면서도 너무 깊숙이 돌파해 가지 않도록 예하 지휘관들에게 당부하였다. 1950년의 마지막 날인 12월 31일 중국군은 3차 전역을 개시하였고 결국 유엔군은 전 전선에서 후퇴하여 서울을 다시 내어주고 37도선 부근인 평택, 안성, 제천, 그리고 삼척을 연하는 선까지 철수하였다.

262) 같은 책, pp. 151-152.

3. 6·25전쟁 개입 이전 중국의 안보정책

사실 6·25전쟁 이전 중국의 마오쩌둥은 김일성과 1950년 봄 전쟁에 대해 논의하며 중국이 전쟁에 필요한 도움을 제공할 것임을 천명하였다. 비록 전면적인 지원을 의미한 것은 아니었고 스탈린의 주도에 의해 6·25전쟁의 결정에 동의하며 한 약속이었는데 중국은 결국 자신의 약속을 이행한 셈이 되었다. 마오쩌둥의 전쟁 지원에 대한 약속은 두 번 있었다. 최초의 약속은 1949년 5월 김일이 중국 인민해방군에 소속된 한인들의 북한 귀국 문제를 협의하기 위해 중국을 방문하였을 때 이루어졌다. 아직 이 시기는 중국혁명이 한창 진행중이었는데 1949년 4월 21일 중국 인민해방군이 양자강을 도하하면서 결정적인 승리를 눈앞에 두고 있었다.

마오쩌둥은 이 당시 김일에게 3개의 사단 가운데 한만국경에 가까운 곳인 목단과 장춘 지역에 위치하였던 제166사단과 제164사단을 북한의 요청과 함께 즉시 귀국시키는 데 동의 하였다. 마오쩌둥의 약속대로 1949년 7월과 8월부터 제166사단은 인민군 제6사단으로, 제164사단은 인민군 제5사단으로 그대로 편입되었다. 마오쩌둥은 한인사단의 귀국만이 아니라 장차 벌어질 전쟁에 대해 북한이 준비할 방향을 제시하였다. 그는 북한이 언제든지 기습전이나 지구전을 수행할 준비를 해야 한다고 강조하며 장기전은 일본이 전쟁에 개입해 남한을 도울 수 있기 때문에 북한에 불리하다고 지적하였다. 그리고 이어서 걱정할 필요가 없다며 중국이 인접해 있으므로 군대를 보낼 수 있다고 장담하였다.263)

마오쩌둥의 두 번째 약속은 김일성과 박헌영이 스탈린으로부터 전쟁 개시에 대한 승인과 지원 약속을 받아낸 다음인 1950년 5월에 이루어졌다. 마오쩌둥은 우선 김일성과 박헌영이 전달하는 스탈린의 북한 행동에 대한 승인과 마오쩌둥 자신의 동의가 필요하다는 사실

263) 박명림, 『한국전쟁의 발발과 기원 I』, pp. 103-104에서 재인용.

을 주중 소련 대사인 로신(N. V. Roshchin)을 통해서 확인하였다. 마오쩌둥은 두 북한의 지도자들에게 구체적인 전쟁의 요령을 일러주었다. 그는 북한군이 신속히 행동하여야 하며 주요 도시를 포위하되 이를 점령하기 위해 지체해서는 안 되며 적군을 섬멸하기 위해 군사력을 집중해야 한다고 조언하였다.[264] 그리고 마오쩌둥은 미군이 참전할 가능성이 있음을 언급하며 소련은 미국과의 38도선 분할에 관한 협정이 있어 도울 수 없지만 중국은 그러한 의무가 없어 도울 수 있다고 언명하였다.[265] 한편 마오쩌둥은 한만국경에 중국군을 추가로 배치할 필요나 북한에 무기 및 탄약을 지원할 필요가 있는지 물었으나 김일성은 이 제의를 사양하였다.

중국은 6·25전쟁의 발발에 따른 미국의 대응으로부터 심각한 충격을 받았다. 비록 마오쩌둥이 전전에 이루어진 북한 수뇌부와의 회담에서 미군의 참전 가능성을 제기하였었지만 그 자신은 미국이 개입하지 않을 것으로 예상하였다. 이는 중국혁명의 과정에 미국이 개입하지 않았기 때문이다. 특히 1949년 4월 중국군이 스탈린의 만류를 뿌리치고 양자강을 도하하여 국민당군의 아성으로 진군하였을 때 미국이 반응하지 않았던 경험이 큰 영향을 미쳤다. 마오쩌둥은 실제 "미국은 제대로 싸우지도 않고 중국에서 물러났으며 한국에서도 이같이 신중한 입장을 지킬 것"이라고 단정하기도 하였다.[266] 전쟁이 임박하였던 시기에도 중국 내에서 특별한 군사적 움직임은 없었다. 한반도와 연한 화북지방의 동북 군구의 42군은 농업 생산에 종사하고 있었고, 다만 국민당군의 침공에 대비해 연안 지역, 그 가운데에서도 보하이만 방어에 중점을 두고 있었다.[267]

미국이 전쟁 개시 후 이틀이 지난 시점에 발표한 트루먼 성명은 중국 내부에 심각한 파장을 일으켰다. 베이징 시각으로 6월 28일

264) 같은 책, pp. 157-158.
265) 같은 책.
266) 같은 책.
267) 朱建榮 저 서각수 역, 『마오쩌둥은 왜 한국전쟁에 개입했을까』 (서울: 역사넷, 2005), pp. 77-79.

새벽에 트루먼은 미국은 공군과 해군을 전쟁에 투입하고, 제7함대를 타이완 해역에 파견하며, 필리핀과 베트남에서 반공산주의 세력을 지원하겠다는 내용의 성명을 발표하였다. 중국은 이에 신속히 반응하였다. 신화사 통신은 불과 10시간 만에 '트루먼의 상식을 벗어난 도전적 성명'이라는 제하의 보도를 하였고, 저우언라이 수상 겸 외상은 이에 대한 반박 성명을 발표하였다.[268] 그는 트루먼의 성명과 미 해군의 행동은 중국 영토에 대한 무장 침략이며 유엔 헌장에 대한 철저한 파괴라고 하였으며, 중국 전체 인민은 반드시 일심 단결하여 미국 침략자의 손아귀로부터 타이완을 해방시키기 위하여 끝까지 분투하자고 하였다.[269]중국은 6·25전쟁이 발발한 이후 48시간 동안 전쟁에 대해 아무런 보도를 하지 않았는데[270] 트루먼이 성명을 발표하자마자 즉각적으로 거센 반응을 보인 것이다.

미 제7함대의 타이완 배치는 중국으로 하여금 심각한 위기의식을 갖게 하였다. 타이완은 중국혁명의 마지막 완성 단계에서 통합되어야 할 과제로 남겨둔 것이었다.[271] 마오쩌둥은 스탈린 및 김일성과의 합의 아래 잠시 타이완 점령을 보류하고 6·25전쟁에 동의하였는데 뜻하지 않게 타이완에 미국의 세력이 미치게 된 것이었다. 중국은 타이완을 점령하기 위해서 소련의 해·공군 지원이 필수 불가결한 것임을 잘 알고 있었다. 1949년 10월 중국은 진먼타오(金門島)를 점령하려다가 9천 명에 달하는 대규모 군대를 송두리째 상실하는 뼈아픈 손실을 입었던 경험을 가지고 있기 때문이다. 이러한 연유로 타이완으로의 진공을 미루어 둔 것이었는데, 미국이 타이완과 대륙의 사이에 끼어들게 되었고 중국혁명을 요원하게 만들었다.

중국의 위기 인식은 6월 28일 마오쩌둥의 연설에 더욱 직접적으

268) 같은 책, pp. 84-85.

269) 軍事科學院軍事歷史硏究所 편 한국전략문제연구소 역, 『中國人民志願軍 抗美援朝戰史』(서울: 세경사, 1991), p. 5.

270) Allen S. Whiting, 국방부 전산편찬위원회 역, 『중공군 압록강을 건너다』(서울: 국방부 전사편찬위원회, 1989), pp. 76-77.

271) 沈志華, 「중국의 한국전쟁 참전결정에 대한 평가: 50년 후 한국전쟁 역사에 대한 고착과 회고」, 박두복 편(2001), p. 253.

로 드러났다. 마오쩌둥은 중앙인민정부위원회 제8차 회의에서 "전 세계 각국의 일은 마땅히 각국 인민 스스로 주관해야 한다. 아시아의 일은 아시아인이 스스로 주관해야지, 미국이 관여해서는 안 된다. 미국의 아시아 침략에 대해, 아시아 인민은 광범하고도 결연한 반항을 일으키고 있다. 제국주의의 유혹을 받아들일 수 없을 뿐만 아니라 제국주의의 위협도 두려워하지 않는다."라고 하였다. 마오쩌둥은 이어서 전 세계 인민은 단결하여 충분한 준비를 진행하여 미 제국주의의 어떠한 도발도 타파하자고 하였다.[272] 당시 중국의 지도부는 미국이 6·25전쟁에 개입하면서 한반도, 타이완, 그리고 인도차이나에서 동시에 중국으로 접근하는 '삼로향심우회(三勞向心迂廻)' 전략을 취한다고 판단하였다.[273]

중국은 혁명 기간부터 미국의 '침략의도'와 '제국주의적 본질'에 주목하여 왔으며 이는 중국이 지니고 있던 역사적 경험에 기인한 것이었다. 적어도 1945년까지 중국 공산당은 미국의 모든 정책에 적대적이지 않았으나 1946년 4월 미국의 지원을 받은 국민당 군대가 동북 지역의 요충인 쓰핑을 공격해 오고 공산당 군대가 쓰핑, 장춘을 공략당하자 미국에 대한 강한 불만과 불신을 갖게 되었다. 1949년 1월에 마오쩌둥이 작성한 '당면의 정세와 1949년의 당의 임무'에서는 미국이 직접 출병하여 중국의 일부 연안 도시를 점령하고 중국과 직접 교전할 가능성을 염두에 두고 이에 대한 대비를 요구하고 있었다.[274]

미국의 의도를 확신한 중국은 신속하게 대비책을 취하였다. 6월 28일 인민해방군 총참모부는 저우언라이 수상에게 군사 사찰단을 편성하여 평양에 파견할 것을 건의하였으며, 이에 따라 6월 30일 차이청원이 임명되었다. 그리고 7월 7일과 10일 양일에 걸쳐 중앙군사위원회가 소집되어 동북변방군 조직 문제가 논의되었으며, 7월

272) 軍事科學院軍事歷史硏究所 편 한국전략문제연구소 역(1991), pp. 4-5.
273) 朱建榮 저 서각수 역(2005), p. 96.
274) 같은 책, pp. 88-89.

13일 이를 정식으로 결정하였다. 이 결정에 의해 하남, 광동, 황서, 호남, 그리고 흑룡강 등지에 산재해 있던 제13병단의 제38, 39, 40, 42군과 포병 제1, 2, 8사단, 1개 고사포 연대, 1개 공병 연대로 구성된 총 25만 5천명이 동북변방군으로 조직되었다. 이들 부대는 8월 상순까지 안둥(安東,지금의 丹東), 펑청(鳳城), 지안(集安), 퉁화(通化), 랴오양(遼陽), 화아청(海城), 번시(本溪), 티에링(鐵嶺), 카이위안(開原) 등지에 집결 완료하여 정비 및 훈련을 개시하였다. 9월 6일에는 제50군도 동북변방군에 편입되어 호북 지방에서 이동하였다.[275] 아울러 제9병단과 19병단이 동북변방군을 지원하도록 하였으며, 소속 지원부대의 전력을 보완하기 위하여 4개 비행연대, 3개 전차여단, 18개 고사포 연대 및 10개 군 소속 포병을 증강하였다. 이와 동시에 중국 지도부는 대도시와 주요 공업 지대의 보호를 위한 대책을 강구하였다. 중앙군사위원회는 방공 계획을 수립하여 3개 항공사단, 15개 고사포 연대, 1개 탐조등 연대를 센양(瀋陽), 안산(鞍山), 번시(本溪), 베이징(北京), 텐진(天津), 난징(南京), 상하이(上海), 항저우(杭州) 그리고 광저우(廣州)에 배치하였으며 동북 지방의 남부에 산재되어 있던 공업 설비와 전략 비축 물자를 북부로 이전하였다.

중국은 또한 외교적 대책을 강구하였다. 8월 20일 저우언라이는 유엔 안전보장이사회에 전문을 보내 한반도 문제를 평화적으로 해결하자는 소련의 제안을 지지한다는 것과 한반도에서 군사행동을 중지하고 외국군을 철수시키자는 제안을 하였다. 이어서 8월 하순에도 유엔 안전보장이사회와 사무총장에게 전보를 보내 미국이 타이완을 강점한 것과 미 공군이 '중국의 영공을 침범하는 것'을 규탄하며 유엔이 '미국 정부의 중국 영토에 대한 무력 침공'을 제재할 것과 타이완 해역 등에서의 미군 철수를 요구하였다.[276]

중국은 전쟁 상황을 주의 깊게 관찰하였다. 북한은 마오쩌둥의 충

275) 軍事科學院軍事歷史硏究所 편 한국전략문제연구소 역(1991), p. 6.
276) 같은 책, p. 7.

고와는 정반대로 느린 속도로 전진하고 있었으며 도시에서 지체하고는 하였다. 미군의 본격적인 개입과 북한군의 느린 전진 속도, 그리고 신장된 병참선을 보며 중국은 곧 북한군에 위기가 닥칠 것을 감지하였다. 1950년 8월 23일 중국의 중앙군사위원회 총참모부 작전국은 며칠 사이에 미군이 인천으로 상륙할 것을 예측하였다. 마오쩌둥은 지체 없이 이를 소련과 북한에 통보하도록 하는 한편 동북변방군에 명령을 내려 9월 말까지 전쟁 준비를 완료하고 출병 준비를 완료하라고 지시하였다.[277] 미군이 9월 15일 인천에 상륙하자 중국의 불안은 현실로 나타났다.

중국은 미국의 북진에 대해 촉각을 곤두세웠다. 9월 21일 저우언라이는 주중 인도 대사 파니카르(Kavalam Madhava Panikkar)를 불러 유엔이 중국대표의 합법적 지위를 인정하지 않으므로 중국도 유엔에 대한 어떠한 의무도 지지 않음을 지적하였다.[278] 이어서 9월 29일 미국이 38도선 이북으로의 전진을 공식적으로 선포하자 다음 날 저우언라이는 건국 1주년 기념 석상에서 “중국 인민은 평화를 사랑한다. 그러나 평화를 지키기 위해서 침략전쟁에 대항하는 것을 두려워하지 않는다. 중국 인민은 결코 외국의 침략을 수용하지 않을 것이며 자기의 이웃 나라에 대한 제국주의자들의 침략에 대하여 가만있지 않을 것”[279]이라고 언급하였다. 그리고 10월 3일 저우언라이는 재차 파니카르를 불러 미군이 38도선을 넘어 전쟁을 확대하면 중국이 가만히 있지 않을 것임을 경고하였다.[280]

277) 章百家(2001), pp. 184-185.
278) 같은 책, pp. 184-185.
279) 中化人民共和國外交部·中共中央文獻硏究室 編, 『周恩來外交文選』 (中央文獻出版社, 1990), pp. 23-24; 章百家(2001) p. 185에서 재인용.
280) 章百家(2001), p. 186.

4. 중국 정부의 전쟁수행 방침

중국 정부의 6·25전쟁수행 방침은 전장의 상황에 따라 변화하였다. 처음 중국인민군이 개입할 시점에 중국 정부는 북한 체제를 재건하는 제한적인 목표를 추구하였고 이를 달성하는 방법 역시 유엔군에 대한 전력의 열세를 의식하여 진지전과 기동전을 배합하는 방식을 구사하려고 하였다. 그러나 중국 정부는 개입 당시의 유동적인 전장 상황을 활용하여 두 번에 걸친 승리를 달성하였으며 이를 기반으로 정치적 목적을 다시 설정하였다. 3차 공세가 끝난 시점인 1951년 1월 초 중국군 당위원회 결의문은 1951년 1월 15일부터 3월 15일까지 휴식을 취한 이후에 중단 없이 공격을 개시하여 한반도 전체를 해방시킬 것을 규정하였다.[281] 중국은 명백히 전쟁의 추이에 따라 목표를 변경한 것이다.

그러나 중국은 4차 전역과 5차 전역에서 원하던 성과를 거두지 못하였다. 미군에 비해 화력과 기동력이 턱없이 부족한 군대가 장기간 대결하며 승리를 거둘 수는 없는 상황이었다. 미군 지휘관들은 점차 중국군의 문제와 한계점을 인식하기 시작하였다. 특히 중국군이 지니고 있던 짧은 공격지속 기간은 중국군이 보급 지원에 많은 어려움을 가지고 있음을 방증하는 것이었으며 이는 전선이 남으로 이동할수록 더욱 심각한 문제를 야기하였다. 워커(John Walker) 장군의 뒤를 이어 제8군 사령관으로 부임한, 전쟁 경험이 풍부한 리지웨이(Mathew Ridgeway) 장군은 이러한 상황을 잘 파악하고 있었으며 이를 적극적으로 이용하고자 하였다.

유엔군은 1951년 1월 25일 전 전선에 걸쳐 반격을 개시하였다. 공세의 서측은 미 제1군단이 주도하였으며 우측은 미 제 10군단이 담당하였다. 이 공세는 사실 중국군으로서는 부담스러운 조건에서 시작되었다. 중국군은 그동안 전역에서 입은 손실로 인하여 전투력

281) 데이빗 쑤이 저, 한국전략문제연구소 역, 『중국의 6·25전쟁 참전』 (서울: 한국전략문제연구소, 2011), p. 248.

이 저하되었으며 이에 따라 제19병단의 파견을 요청해 놓은 상태였기 때문이다. 중국군은 유엔군의 전선이 중부 지역의 지평리와 동부 지역의 횡성에서 돌출된 것을 인지하고 이들 지역에 대한 공세를 개시하였다. 2월 11일 시작된 중국군의 횡성에 대한 역공은 한국군 제 8사단에 심각한 피해를 입히며 승리로 결론이 났다. 그러나 2월 13일 밤부터 시작된 지평리에 대한 공격에서 중국군은 고전을 면치 못하였고 결국 실패하고 말았다. 기간 중 유엔군은 측방 연결을 유지하면서 막강한 화력을 동원하여 북진을 계속하였으며 4월 10일까지 임진강으로부터 양양을 연결하는 캔자스선을 확보할 수 있었다.

중국군은 4차 전역을 통하여 미군이 수행하는 현대전의 진수를 맛보았고 이를 극복하는 것이 요원한 과제임을 자각하였다. 이러한 자각은 곧 중국 정부에도 전파되었다. 마오쩌둥은 한반도 전체의 '해방'이 불가능함을 인정하고 유엔군의 유생역량(有生力量)을 약화시키는 것을 목표로 설정하였다. 저우언라이는 이 시기 "만일 적이 한반도에 고착되고 지구전에 빠지게 되면 한반도가 아닌 다른 곳에서 그 힘이 약화 될 것이다."라고 전제한 뒤에 중국이 한반도에서 적을 대량으로 섬멸하는 것만으로 적 진영이 약화되고 내부적인 문제에 봉착할 것이라고 평가한 바 있다.[282] 중국 정부는 제4차 전역 이후에 전쟁 목표를 수정한 것이다.

이와 같은 변화는 그대로 현지 지휘부에도 그대로 전달되었다. 1951년 4월 6일 펑더화이는 지원군 당위원회에서 새로이 5차 전역의 작전 계획을 논의하면서 전쟁을 장기적으로 치러야 함을 강조하였다. 그러면서도 새로이 60만 명의 병력을 보충 받아 순환참전을 가능하게 하며 장비 개선 및 공군을 비롯한 기갑부대 참전을 통해 전쟁을 최대한 이른 시일 내에 끝내자고 역설하였다.[283] 전쟁의 장기화와 순환참전은 단순히 작전적인 필요성 때문에 등장한 개념은 아니다. 보다 본질적으로 전쟁 목적이 바뀐 것과 관련이 있는 것이다.

282) 데이빗 쑤이 저, 한국전략문제연구소 역(2011), pp. 262-263.
283) 홍학지 저, 홍인표 역(1991), pp. 206-207.

중국군은 특별한 성과 없이 끝난 5차 전역 이후에 최종적인 전쟁 수행 방침을 결정하였다. 이미 이 시기는 미국과 소련 사이에 휴전 회담 개최에 대한 합의가 이루어진 상태였다. 1951년 6월 마오쩌둥은 지구작전과 평화회담을 통하여 전쟁을 마무리 짓는다는 방침을 제시하였다.[284] 이를 위해 중국군은 유리한 지형을 이용하여 방어진지를 구축하며 적극적인 방어를 통해 유엔군의 유생역량을 대량으로 살상할 방책을 강구하기 시작하였다. 아울러 마오쩌둥은 스탈린의 지시에 의거 휴전회담을 추진하는 책임을 맡게 되었다.

5. 중국의 전쟁수행 전략

중국군은 6·25전쟁 기간 동안 한반도에 계획 이상의 대규모 병력을 투입하였다. 처음 중국의 지도부는 3개 병단 규모의 파병을 계획하였던 것으로 보인다. 중국군 지휘부는 동북변방군을 제13병단을 골간으로 창설하였고 여기에 상해의 제9병단과 서북지구의 제19병단으로 하여금 이를 지원하도록 하였기 때문이다.[285] 그런데 중국군은 여기에 더하여 제3병단과 제20병단을 추가로 파병하였다.[286] 중국군이 이토록 많은 병력을 동원하여 전쟁을 수행한 이유는 중국의 참전 동기 및 전략과도 연관이 있다.

중국군의 참전 동기는 다양한 관점에서 충분히 분석되어 왔다. 국가 안보적인 관점에서부터 마지막 남은 타이완 통일을 위한 지원을 얻고자 한 측면, 국내 정치상 내적 동원을 위한 목적, 소련과의 관계를 염두에 둔 관점, 그리고 북한과의 오랜 혁명적 동반자로서의 입장, 또한 장차 미국과의 대결을 앞당겨서 유리한 시점에서 수행하는 것을 유리하다고 보는 관점, 아울러 중국군의 현대화와 장비 획

284) 軍事科學院軍事歷史研究所 편 한국전략문제연구소 역(1991), pp. 172-173.
285) 같은 책, p. 7.
286) 같은 책, pp. 348-353.

득을 위한 의도 등 군사적 관점에서까지 중국 참전의 동기가 설명되고 있다.

중국이 개입을 결정한 가장 절박한 동기는 무엇이었을까? 중국 지도부는 마지막까지 참전에 대한 부담 때문에 출병을 번복하였고 결국 소련 공군의 지원이 없는 상황에서도 개입을 결정하였다. 중국으로서는 어려운 개입을 한 것이다. 당시의 중국은 신생 국가로서 미국과 전쟁을 하던 그렇지 않던 활로를 모색하여야 하였으며 이는 소련의 지원과 협력을 통해 달성할 수밖에 없는 일이었다. 중국의 국가 성립 선포 이후 채택된 대소일변도 정책은 절대적으로 소련의 지원이 필요한 중국이 국가적 생존을 위하여 내린 결론이었다. 이를 알고 있던 소련은 전쟁이 발발하기 이전부터 중국이 한반도 전쟁에 대한 책임을 지도록 유도하였다. 스탈린은 마오쩌둥이 동의하지 않으면 김일성에게 전쟁을 허락하지 않을 방침이었다.

중국은 결과적으로 어려운 여건에 처하게 되었다. 중국이 출병하지 않더라도 건국 초기의 혼란과 제2차 세계대전으로 인한 전화를 홀로 극복하여야 하는 문제를 가지고 있었고 출병하더라도 참전에 의한 국력의 손실을 감내해야 하는 어려움을 겪어야 하였다. 게다가 마오쩌둥은 전쟁 이전에 이미 김일성의 전쟁에 동의하였고 지원하겠노라고 약속까지 한 바 있다. 이러한 상황 가운데 중국은 소련의 인정과 지지를 받는 쪽을 선택하였으며 이는 소련 공군의 지원이 없는 상황 가운데서도 한반도에 진군하는 것으로 구체화 되었다. 중국의 입장에서 보았을 때 소련과의 관계는 다른 여러 이유를 압도하는 보다 근본적인 요인으로 고려되었을 것이다. 스탈린과의 관계에서 스탈린이 전 세계적인 차원의 혁명 특히 유럽에서의 혁명에 대한 책임을 지고 마오쩌둥이 아시아 지역에서의 혁명에 책임을 지기로 분업을 결정하였었는데, 마오쩌둥은 대단히 어려운 약속을 지켰던 셈이다.

결과적으로 이 시기 중국의 전략은 대소 의존에서 찾아야 한다. 중국은 당시 신생국가로서 발전을 위해, 타이완 통일을 위해서, 향후 안보 문제 해결을 위하여, 또는 국제적인 공산주의 혁명 지속을 위하여 소련의 도움이 절대적으로 필요한 사정이었으며 스탈린의 신임 없이 소련의 지원을 얻기는 불가능한 노릇이었다. 따라서 중국은 군사적으로 불리한 여건에 있었으면서도 6·25전쟁에 개입한 것이었다.

전쟁에 개입한 이후 중국은 스탈린의 의도에 부합하도록 전쟁을 수행하였다. 중국 정부는 전쟁 양상의 변화에 따라 제한적인 목표에서 적극적인 목표로 다시 소극적 목표로 전쟁 목표를 수정하였고 5차 전역 이후에는 지루한 소모전을 벌였다. 소련의 도움을 절실히 필요로 하였던 중국으로서는 이러한 과정에서 스탈린의 심기를 거스르지 않으며 애초에 계획했던 것보다 많은 병력을 투입해 전쟁을 지속하였던 것이다.

제7장 | 일본의 6·25전쟁 인식과 전략

1. 6·25전쟁 이전 미국의 대일본 정책
2. 일본 정부의 전쟁 인식과 대응
3. 강화조약과 미일안보조약,
   그리고 자위대의 창설
4. 일본 정부의 6·25전쟁 전략

제7장 | 일본의 6·25전쟁 인식과 전략

1. 6·25전쟁 이전 미국의 대일본 정책

제2차 세계대전 이후 일본을 통치하던 미 군정의 목표는 일본의 군국주의를 근본적으로 제거하기 위한 것이었다. 연합국이 발표한 포츠담선언은 일본의 군국주의 세력의 제거, 전쟁수행 능력의 무력화, 무장해제와 군대 조직의 해체, 전범의 처벌, 언론·종교·사상의 자유 등 인간 기본권의 존중, 그리고 일본에 국민의 자유로운 의사에 따라 평화롭고 책임 있는 정부가 설립될 때 점령군은 철수한다는 내용을 담고 있었다.[287] 이러한 정책은 미국의 기본적인 대일 정책 방향에 따른 것이었다. 미국 정부는 일본과 전쟁이 시작된 이후부터 대일 점령에 대한 기본 정책을 연구하여 1945년 6월 초기 방침을 정하였으며 9월 22일 「항복 후에 있어서 미국의 초기 대일 방침」으로 발표하였다. 그 주요 내용은 간접 통치 방식을 채용하고 봉건적이고 권위주의적인 통치 행태를 청산하며 정치 및 경제 각 분야에 있어서 비군사화를 추구하고 민주화를 추진하는 것이었다.[288]

미군 점령 당국은 일본 점령과 동시에 유례없는 속도로 군대해체와 군수 물자 생산을 담당한 재벌해체를 추진하였다. 이에 따라 1945년 9월 말에는 구 일본 육·해군의 80% 이상이 해체되었고 10월 말에는 거의 해체되었다. 일본의 전쟁수행 기구이었던 육군의 대본영은 9월 15일에, 해군의 군령부는 10월 15일에, 그리고 육군성

287) 후지와라 아키라 외, 노길호 역, 『일본 현대사, 1945-1922』 (서울: 구월, 1993), p. 21.

288) 같은 책, p. 21.

및 해군성은 12월 1일 폐지되어 역사 속으로 사라졌다.[289] 연합군 최고사령부(General Headquarters of the Supreme Commander for the Allied Power, GHQ)는 9월에 미쓰비시, 미쓰이, 스미토모 등 재벌에 대하여 자발적인 해체를 권고하였으나 재벌들이 미온적으로 반응하자 11월 6일 지주회사 해체에 관한 각서를 발표하였다. 이어서 1946년 1월에는 미국 정부가 파견한 에드워드 조사단이 일본에서 재벌해체, 경제력의 집중 배제, 독점금지법의 제정 등을 골자로 한 보고서를 작성하여 철저한 경제개혁을 추진하였다. 이에 따라 28개 재벌이 해체되었으며, 1947년에는 독점금지법과 과도 경제력 집중 배제법이 제정되었다.[290]

맥아더의 지휘 아래 GHQ는 1945년 10월 4일 「정치적·민사적·종교적 자유에 대한 제한의 철폐에 관한 각서」를 발표하여 근본적인 일본의 개혁을 차근차근 추진하였다. 우선 GHQ는 각종 탄압법규를 폐지하며, 정치범을 석방하고, 집행기구인 내무부의 경보국, 특별고등경찰 등을 폐지하였고 관련된 간부를 파면하였다. 이어서 맥아더는 새로이 시데하라(幣原喜重郎) 내각을 조각하고 여성에게 참정권을 부여하고 노동조합 조직을 장려하는 등 개혁 조치를 취하였다. 이와 아울러 GHQ는 제2차 세계대전 전범을 검거하였는데 도조 히데키(東條英機) 등 39명을 A급으로 검거하였고, 12월 2일에는 황족인 나시모토미야 모리마사(梨本宮守正)를 비롯한 59명을 체포하였다. 일련의 조치 이후 GHQ는 12월 29일 천황제의 지주가 파괴되었음을 선포하였으며, 천황 역시 1946년 1월 1일에는 스스로 신격을 부인하는 조서를 발표하였다.[291]

GHQ는 아울러 군국주의 성향을 가진 인원을 일본 정계에서 배제하고자 하였다. 이에 따라 1946년 1월 공직 추방령이 내려졌으며 전범, 직업군인, 국가주의 성향의 단체, 대정익찬회, 대일본정치회

289) 이종판, "한국전쟁당시 일본의 역할에 관한 연구: 일본의 대미협력활동을 중심으로," 한양대학교 박사학위 논문(2007), p. 40.
290) 후지와라 아키라 외, 노길호 역(1993), pp. 43-45.
291) 후지와라 아키라 외, 노길호 역(1993), pp. 22-23.

등에서 활동하였던 유력한 인물들이 공직으로부터 추방되었다. 이에 따라 중의원의 경우 290명(진보당 260, 자유당 30)이 추방되었으며 시데하라 내각에서도 5명의 각료가 추방되었다. GHQ의 공직 추방은 지속적으로 확대되어 경제계, 언론계, 그리고 지방공공단체에서 모두 20만 명가량이 추방되었다.

미 군정은 일본이 재무장할 수 있는 길을 원천적으로 봉쇄하고자 일본 정부에 헌법 수정을 요구하였다. 일본 정부는 두 차례에 걸쳐 개정안을 제출하였으나 천황의 법적 권한과 군사력 존폐에 대한 특별한 수정 사항이 없자, 맥아더 사령부는 1946년 2월 13일 총사령부 측의 초안을 채택하도록 요구하였다. 이 헌법 초안을 토대로 평화 헌법이 1947년 5월 3일부로 시행되었다. 평화헌법의 제9조는 일본으로 하여금 "국권의 발동인 전쟁과 무력에 의한 위협 또는 무력의 행사를 국제분쟁을 해결하는 수단으로써 영구히 포기"하도록 하였으며 이를 달성하기 위하여 육해공군과 기타의 전력을 보유하지 않도록 규정하였다.[292)]

GHQ의 정책은 전 세계적인 차원에서 냉전이 진행됨에 따라 변화를 맞게 되었다. 특히 중국 대륙에서 국민당군이 패하고 공산당이 승리하게 되자 미국은 일본의 역할을 새로이 인식하게 되었다. 미국은 아시아에서 중국의 역할을 대신할 존재가 필요하였으며 유럽에 우선순위를 두고 있는 미국의 입장에서 아시아에서 충분히 경제적 기여를 해 줄 수 있는 국가가 필요하였다. 일본은 이러한 상황 가운데 미국이 선택할 수 있는 거의 유일한 대안이었다. 일본이야말로 조지 케난이 제2차 세계대전 이후에 전 세계의 5대 산업 중심 가운데 하나로 손꼽았던 곳이었다. 미국은 동아시아와 동남아시아를 배후지로 삼아 일본을 부흥시키고 이 지역의 자본주의 경제권의 핵심으로 삼고자 하였으며, 인도차이나와 필리핀에서 전개되고 있는 공산주의를 표방한 민족해방운동에 대한 대항 세력으로 기대하였다.[293)]

292) 양영조, 『한국전쟁과 동북아국가정책』 (서울: 선인, 2007), pp. 388-389.
293) 후지와라 아키라 외, 노길호 역(1993), p. 67.

1948년 1월 6일 행해진 미 육군부장관 로열(Kenneth C. Royall)의 연설은 새로운 미국의 대일 정책을 단적으로 보여주었다. 그는 이 연설에서 일본이 경제적 자립을 빠른 시기에 달성하며 새로운 전체주의 세력의 위협에 대한 방벽의 역할을 해야 할 것이라고 주장하였다. 사실 1947년부터 미국의 육군부를 중심으로 배상을 축소하려는 움직임이 존재하였다. 미 육군부는 세 번에 걸친 조사단을 파견하는 과정에서 점진적인 배상액의 감축을 추진하였는데 전반적으로 로열과 동일한 맥락의 사고가 반영된 정책이었다. 결국 1949년 5월 중간 배상의 30%로 배상의 중지가 결정되었다. 아울러 일본에 대해 시행중이던 경제력집중 배제정책 역시 완화되어 1948년 3월 미 정부가 동법에 대한 지지를 철회한다고 발표하였다.

미국의 일본에 대한 새로운 점령정책은 1948년 10월 NSC-13/2 「일본에 대한 미국 정책에 대한 권고」로 확정되었다. 이 문서는 일본이 정치적 안정을 달성하고 공산화의 위협으로부터 보호되어야 할 것을 규정하며 이를 위하여 경찰력을 증강시키고 경제 부흥 및 안정에 역점을 둘 것을 강조하였다. 아울러 이를 위하여 대일 강화는 당분간 추진할 수 없다고 못 박았다. 이 문서는 이어서 일본 정부의 권한 회복, 공직 추방의 축소, 민간 기업의 강화, 무역활동에 대한 장애 제거를 제시하였고, 일본 정부가 재정 균형을 달성하도록 장려하였다. 물론 GHQ의 대대적인 축소도 제시되었다.[294] 이후 NSC-13/2는 1949년 5월에 NSC-13/3으로 수정되었다. 이 문서는 오키나와에 대한 항구적인 기지화와 군사기지의 확장을 정부 지침으로 확정하였다.

미국의 냉전 수행은 일본과의 강화조약과도 밀접한 관련을 지니고 있었다. 1947년까지만 하여도 미국의 국무부가 구상한 대일 강화조약은 일본 군국주의의 부활을 방지하기 위해 경제 및 군사 분야에서 적절한 조치를 취하고 이를 감독하기 위하여 극동위원회 각국 대표가 감시위원회를 구성하여 강화 후 25년간 기능한다는 것이

294) 같은 책, p. 72.

었다. 미국은 또한 오키나와와 오가사와라(小笠原)제도를 일본에서 분리하여 별도로 관리하고자 하였다. 미 국무부는 일본에 군사적 부활의 조짐이 보이면 오키나와와 같은 부근의 기지에서 이를 억제할 수 있는 압도적인 역량을 가지고 있어야 하며 이에 합당한 국제적인 지위도 부여되어야 한다고 판단하였던 것이다.295)

이후 미국은 강화에 대하여 두 가지 상반된 입장을 지니게 되었다. 국방부의 경우 일본과의 강화를 늦추되 일본을 최대한 군사적으로 활용하고자 하는 의도를 가지고 있었다. 이에 반해 국무부는 조기에 강화를 달성하고자 하였다. 국무부의 입장은 일본에 가해지는 공산주의 위협은 외부의 직접적인 위협보다는 내부 불만 세력의 선동에 의한 것이었다. 이 때문에 조기에 강화를 실시하여 일본 내에 친서구적인 성향이 형성되는 것이 바람직하다는 것이었다. 한편 1949년 가을 이후 중국에서 공산당 정권의 수립이 확실시되자 미국 정부는 조기강화로 가닥을 잡고 소련을 배제한 단독강화를 추진하기 시작하였다. 미국 정부는 이 과정에서 군부의 요구를 최대한 반영하여 일본 내 기지를 자유롭게 사용하고 일본군이 자위권을 보유하는 등의 보완책을 강구하였다. 당시 일본의 보수 정권은 물론 이를 지지한 반면 진보 세력들은 모든 전승국과 강화를 체결하는 전면강화를 주장하여 양자가 심각하게 대립하였다.

2. 일본 정부의 전쟁 인식과 대응

일본은 요시다 시게루(吉田 茂)가 1949년 2월 16일 구성한 제3차 내각이 집권하던 시기 6·25전쟁을 맞았다. 6·25전쟁에 대한 일본의 첫 공식적인 대응은 행정 조치를 통하여 한국 내에서의 미군 군사

295) 류지아, 「한국전쟁 전후 대일강화조약 논의에 대한 아시아 내에서 일본의 안보와 위상: 한국과의 관계를 중심으로」 『한일민족문제연구』, Vol. 18, 2010, 77. 74-75.

행동에 대해 협력한다는 것으로 7월 4일 각료회의에서 채택되었다. 이어진 7월 11일의 기자회견을 통하여 요시다 수상은 "영세중립은 조기강화를 방해하는 공론에 불과하다. 유엔군에 협력하고 싶어도 점령 하에서는 아무것도 적극적으로 할 수 없다, 그러나 군용 수송이나 미군의 통과를 방해하는 행위를 단속하는 등의 소극적인 협력을 할 수 있다."라고 밝히며 "세계는 일본이 국제사회의 일원으로 복귀하기를 기대하고 있을 것"이라고 언명하였다.[296] 요시다의 의도는 미군의 전쟁 노력에 최대한 협조하여 당시 추진 중이던 조기강화를 성취하고 일본이 국제사회에서 정상적인 국가로서의 지위를 획득하는 것이었다.

이러한 시기에 일본 정부의 의도는 외무성 외교 백서를 통하여 정교하게 다듬어졌다. 1950년 8월 19일 외무성은 「조선전쟁에 대한 일본의 입장」이라는 백서에서 당시 낙동강 방어 전선의 전황을 소개하며 이 전쟁이 북한의 침략에 의해 시작되었고 공산 세력이 아시아의 평화를 파괴하고 일본의 자유를 박탈하려고 한다고 설명하였다. 그리고 외무성은 제2차 세계대전 당시 뮌헨에서 자유세계가 취한 유화정책이 효과가 없었다는 것을 지적하며 이러한 공산주의의 시도를 시초 단계에서 단호하게 잘라버려야 한다고 주장하였다. 이어서 이 문서는 이 전쟁이 일본이 민주주의를 포기하고 공산주의에 굴복하느냐, 아니면 가능한 협력을 함으로써 그 안전보장 아래에 평화적인 민주 일본을 건설하느냐, 이 두 가지 중에서 선택하는 것이라고 결론지었다.[297] 결국 일본 정부는 6·25전쟁을 일본의 전쟁으로 규정한 것이다.

일본은 6·25전쟁을 통하여 경제 재건의 기회를 맞이하게 되었다. 전후 일본은 경제적 불황으로 인하여 극도로 혼란한 상황에 처하였다. 무엇보다 일본은 갑자기 식민지를 상실하여 식량문제조차 자체적으로 해결할 수 없었다. 또한 공장 원자재의 부족과 숙련된 인력

---

296) 『朝日新聞』, 1950.7.21.; 이종판(2007), pp. 17-18에서 재인용.

297) 神谷不二, 『朝鮮問題戰後資料·第I卷』(東京: 日本國際問題硏究所, 1976), pp. 426-428; 이종판(2007), pp. 19-21에서 재인용.

의 손실로 말미암아 1948년 일본 국내 총생산은 1930-34년 생산의 64%에 머물렀다. 이 기간 해외 무역 역시 저조하여 총 무역량이 1937년 수준의 20%에 불과하였다. 그나마 제한된 무역에서 생성된 무역 적자가 증가해 1948년에는 대미 무역 적자가 4억 2천 6백 달러에 달하였고 이를 미 정부가 보전해 주고 있었다.[298)]

이러한 일본에 한반도에서 발생한 전쟁은 기사회생의 기회가 되었다. 전쟁이 시작된 지 불과 넉 달이 지난 시점인 1950년 10월 일본의 산업 생산지수는 1936년 수준을 넘었으며 1951년 5월에는 1936년 수준의 131.5%에 도달하였다. 1950년 말 일본의 국제수지는 제2차 세계대전 이후 처음으로 4천만 달러의 흑자를 기록하였다. 1949년도 일본 회사들의 평균 순이익은 2.5%에 불과하였으나 1952년도에는 10%로 증가하였다.[299)] 1954년 2월 말까지 각종 일본의 회사들이 전쟁으로 미군 당국과 직접 계약한 금액만 총 13억 2천 300만 달러에 달한다.[300)]

전쟁이 발발하자마자 일본의 회사들은 미군의 주문을 받아 각종 장비와 물자를 생산하기 시작하였다. 미군은 개전 초 대전차지뢰 보유분이 부족하여 긴급히 이에 대한 제작을 발주하였으며 이에 따라 일본에서 제작된 대전차지뢰 3,000발이 1950년 7월 18일 부산항에 도착하였다. 아울러 7월 10일부터는 전쟁을 위한 의약품과 위생물자가 일본에서 생산되기 시작하였다. 일본산 자동차도 전쟁에 동원되기 시작하여 1950년 말에는 10,258대가 생산되어 공급되었으며 자동차 수리는 1950년 7월 말 현재 이미 8,000대에 이르게 되었다. 1951년 6월까지 일본은 총 3억 3,816만 달러 이상에 상당하는 장비와 물자를 생산하여 한국 전선에 공급하였다.[301)]

298) 김남균, "미국의 일본 경제정책에 끼친 한국전쟁의 영향," 『미국사연구』, Vol. 8(1998), pp. 249-250.

299) 김남균(1998) pp. 256-257.

300) 남기정, "한국전쟁 시기 특별수요의 발생과 '생산기지' 일본의 탄생: 특별수요의 군사적 성격에 주목하여," 『한일군사문화연구』, Vol. 13(2012), p. 262.

301) 양영조(서울: 선인, 2007), pp. 399-400.

일본은 1952년부터 일반 장비뿐만 아니라 무기도 생산하여 공급할 수 있게 되었다. 1952년 3월 14일 미 극동군사령부는 병기생산금지완화각서를 발표하였다. 이는 1945년 9월 22일 발표하여 시행해 오던 GHQ 지령 제3호 제4조 1호의 무기·탄약·전쟁용 품목을 생산을 허락할 수 없다는 조항을 폐기하고 실질적으로 일본에 무기생산 재개를 허락하는 조치였다.[302] 이를 통하여 제2차 세계대전 당시 무기 생산에 참여하였던 업체들이 다시 무기를 생산하게 되었다. 이에 따라 일본은 1952년 5월부터 684만 7천 달러분의 박격포와 탄약을 생산 공급하였으며 1952년 5월부터 1953년 6월 사이에는 대전차포 7,656문을 포함하여 각종 포탄 230만 발과 수류탄 220만 발을 공급하였다.[303] 결과적으로 일본은 6·25전쟁을 통하여 경제적 부흥의 기틀을 마련하였으며 자체적인 무기 생산을 위한 장애물마저 극복하였던 것이다.

일본인들은 직접 전쟁에 참여하기도 하였다. 일본인들로 구성된 특별 소해대가 6·25전쟁에 직접 참전하여 특히 원산상륙작전의 소해 임무에 큰 기여를 하였다. 1950년 10월 2일부터 실시된 원산상륙작전은 북한군이 설치한 기뢰 때문에 순조롭게 진행되지 못하였다. 이에 GHQ는 1950년 10월 4일 일본의 운수성 대신에게「일본 소해대를 한반도 해역에서 사용할 것에 대한 지령」을 하달하였다. 일본은 제2차 세계대전 당시에도 뛰어난 소해 기술을 보유하고 있었고 전후에도 일본 근해에서 떠도는 기뢰를 제거하기 위하여 일부 조직이 재건되어 임무를 수행하고 있었다. 일본의 소해정대는 약 2개월간 소해작전에 투입되었으며, 피해도 발생하여 1척이 침몰하였고 17명이 사망하였으며 8명이 행방불명되었다. 일본인의 소해전 참가는 초대 해상보안청장관인 오쿠보(大久保武雄)의 수기『海鳴りの日々』에 의해 1978년 공개되었다. 이 수기에 의하면 특별소해대는 20척의 소해정과 순시선 4척 등으로 구성되어 10월 6일부터 임무를

302) 이종판(2007), p. 144.
303) 양영조(서울: 선인, 2007), p. 400.

수행하여 원산 상륙작전에서 소해전을 수행하고 진남포, 해주, 인천, 그리고 군산 등지에서 기뢰 제거 임무를 수행하다가 12월 15일 해산되었다.[304)]

뿐만 아니라 일본인은 주일 미군의 참전과 함께 전쟁에 직간접적으로 참여하기도 하였다. 일반적으로 미군이 대여해 준 LST (Landing Ship Tanker, 전차양륙함, 해안에 직접 배를 대고 선수를 열어 장비와 인원이 상륙할 수 있는 선박)에는 일본인들이 승무원으로 근무하였는데 이들이 임무를 수행하기 위해 전장을 드나들었으며 일부가 사망하기도 하였다. 일본의 해운업자들이 미군의 LST를 운용하였던 이유는 전후 일본에 선박이 부족한 상황에서 해외 거주 일본인들의 복귀를 돕기 위해 미군이 100여 척을 대여했기 때문이다. 이 선박들이 6·25전쟁의 발발과 함께 자연스럽게 연합군 병력과 장비, 그리고 물자를 한국으로 운반하게 되었다. 당시 일본 선박은 도쿄, 요코하마, 고베, 시모노세키, 그리고 사세보 등에서 한국의 부산, 인천, 원산, 군산 및 울산 등지로 운항하였으며 일본인 선원이 적어도 4,000명에서 5,000명에 달하였던 것으로 알려져 있다. 그 밖에도 한국의 대규모 항구에는 함정의 수리, 무기 운송, 기타 특수 적재 등에 종사하던 약 1,000여 명 이상의 일본인 노동자들이 존재하였다.[305)]

3. 강화조약과 미일안보조약, 그리고 자위대의 창설

6·25전쟁은 대일 강화조약의 방향을 일거에 결정지어 버렸다. 6·25전쟁 이전 일본 국민들은 대체로 일본이 비무장 영세중립국으로 국제사회에서 인정받고 주변국들에 의해 독립과 안전을 보장받을 것을 희구하였으며 이러한 연유로 사회주의 국가인 소련 및 동유럽 국가

304) 大沼久夫,『朝鮮戰爭と日本』(東京: 新幹社, 2006), p. 105.
305) 大沼久夫(2006), pp. 108-112.

와 자유주의 국가인 미국을 중심으로 한 자본주의 국가들이 모두 참여하는 전면강화를 희망하였다. 그러나 전쟁의 발발로 일본 내에서 강화 방침에 대한 검토가 이루어지게 되었다. 결국 이 시기 강화문제에 정치적인 생명이 달려 있던 요시다 내각은 일본에 공산주의 세력이 성장하는 것을 방지하기 위하여 소련 등 사회주의 진영을 배제하고 자유주의 진영과만 단독강화를 실시하고 또한 강화의 조기 실현을 위하여 강화 이후에도 미군의 주둔을 인정하기로 하였다.[306]

일본 정부와 전쟁을 수행하는 미국 정부의 일치된 이해관계는 대일강화를 순조롭게 진행하도록 하였다. 트루먼 대통령은 1950년 9월 14일 대일강화 촉진 성명을 발표하였고 이를 국무장관 고문인 덜레스(John Foster Dulles)가 구체화하였다. 미 국무부는 9월 11일 26개 조로 된 대일 강화조약의 초안을 작성하였는데, 새로운 초안은 연합국의 일본에 대한 배상청구권을 포기하고, 일본의 재군비와 공업생산능력에 제한을 가하지 않으며 강화 후 일본을 관리할 기관을 고려하지 않는다는 '관대한 강화'의 원칙에 따라 작성되었다.[307]

6·25전쟁이 중국의 개입으로 성공적인 종전에 대한 희망이 사라진 1951년 1월 29일, 도쿄에서 덜레스와 요시다가 강화조약에 대한 첫 회담을 가졌으며 이를 통해 일본의 재군비 등 어려운 문제를 조율해 갔다. 양국은 일본이 재군비하되 경무장한다는 점에 합의하였다. 이후 양측은 강화조약 본문인 잠정각서에 합의하였으며, 이를 바탕으로 미국과 영국이 1951년 7월 12일 대일 강화조약 초안을 발표하였다.

샌프란시스코 강화조약은 여러 가지 면에서 불합리한 점이 많이 존재하였다. 우선 한국이 연합국의 일원이 아니라는 영국의 반대로 참가할 수 없었다. 물론 일본 정부 역시 한국의 참가에 반대하였다. 그리고 실제 일본의 전쟁에 의해 가장 많은 피해를 입었던 중국이 미국과 영국이 타협한 결과로 초청받지 못하였다. 결과적으로 서방

306) 류지아(2010), p. 83.
307) 같은 책, pp. 79-80.

국가들만이 조인한 강화조약이 되고 말았다. 6·25전쟁으로 인해 일본은 근린 국가에 큰 불행과 고통을 안겨준 제2차 세계대전의 책임을 지지 않고 유리한 조건으로 강화를 체결할 수 있게 된 것이다.

미국과 일본은 샌프란시스코 조약이 체결되던 날 그동안 비밀리에 추진하던 미·일 안보조약을 체결하였다. 미·일 안보조약은 미국이 일본을 냉전에 본격적으로 끌어들임과 동시에 아시아 태평양 지역에 있어서 미군의 물리적 기반을 그대로 지속시키는 역할을 하였다. 미·일 양국은 조약의 제1조에서 일본은 미군이 일본 국내 및 그 주변에 배치되는 것을 허여하도록 하였고, 주일 미군이 극동의 국제평화와 안전에 기여한다는 조문을 삽입하는 데 합의하였다. 이로써 미일안보조약은 제2차 세계대전 이후 주둔해 오던 미군이 지속적으로 주둔하면서 장차 일본만이 아니라 극동 지역에서 발생할 수 있는 분쟁에 개입할 수 있는 근거를 제공하게 되었다.[308] 무엇보다 이 조약은 일본이 미국의 군사력을 활용하여 자국의 안보를 확보할 수 있는 결정적인 계기가 되었다. 이후 일본은 미일안보조약을 기반으로 하여 경제성장에 중점을 둔 요시다 독트린을 추진함으로써 신속한 복구와 성장을 달성할 수 있었다.

6·25전쟁으로 인해 일본은 재무장을 추진할 수 있게 되었다. 맥아더 장군은 주일미군이 전장으로 이동하면서 방위 공백이 발생한 일본을 방위하기 위해 1950년 7월 8일 요시다에게 정원 7만 5천 명 정도의 경찰 예비대를 창설하고 해상 보안청의 인원을 8천 명 증원하는 권한을 수락한다는 서한을 보냈다. 이어서 GHQ는 경찰예비대 편성에 대한 세부적인 지침을 하달하였는데 기본적으로 보병사단 편제를 적용하며 기관총과 박격포는 물론 105밀리미터 곡사포와 전차까지 장비하도록 하였다. 결국 경찰 예비대는 그 명칭과 달리 한반도에 투입된 네 개의 주일 미군사단을 대치할 전력으로 편성된 '군대'이었던 것이다.[309]

308) 박영준, 『제3의 일본』 (서울: 한울, 2008), pp. 211-212.
309) 양영조(서울: 선인, 2007), p. 395.

GHQ의 이와 같은 조치는 평화 헌법을 요구하였던 종래의 입장과는 상반되는 것이었다. 사실 미 합참은 1949년 3월 초 NSC-13/2를 수정안을 제시하며 일본에 대한 점령을 종결하기 위하여 평화조약에 대한 협상이 시작되기 이전에라도 재무장을 위한 준비가 이루어져야 한다고 주장하였다. 미 합참은 점령기간 중에라도 소련의 직접 혹은 간접 침략에 의한 비상사태가 발생할 수 있다고 판단하였기 때문이다.[310] 합참의 이 견해는 국무부와 국방부의 반대로 채택되지 못하였다. 한편 맥아더는 1950년 1월 연두교서에서 일본이 헌법에 어떠한 규정을 가지고 있다고 하더라도 상대가 공격을 감행해 올 경우 자기방어를 할 수 있는 권리가 부인되는 것으로 해석될 수 없다고 밝혀 평화 헌법이 일본의 자위권을 부정하는 것이 아님을 간접적으로 밝히기도 하였다.[311] 결과적으로 6·25전쟁은 이러한 미국의 일본 재무장에 대한 조심스러운 입장을 단시간에 전향적으로 바꾸는 역할을 하였다.

경찰 예비대는 이후 군대로의 예정된 변화 절차를 밟아 나갔다. 1951년 초 덜레스와 회담하며 요시다는 5만 명 수준의 보안대를 창설할 것을 약속하였고, 이후 GHQ와의 협상을 통해 11만 명으로 인원을 늘리기로 하였다. 이러한 사항들은 국민들에게 공개되지 않았다. 1952년 8월 4일 요시다 수상은 “경찰 예비대는 새로운 군대의 기초가 되며 이러한 새로운 군대를 만들기 위한 보안대를 창설할 것”이라고 공식적으로 선언하였다. 이어서 같은 해인 10월 15일 보안청을 신설하면서 경찰 예비대를 보안대로 개칭하였다. 해상보안청의 경우 구 일본 해군의 소해 세력 일부가 잔존하여 제2차 세계대전 당시 부설되었던 기뢰를 제거하는 임무를 수행하고 있었는데 이것이 모체가 되어 1952년 4월 26일 프리게이트함 18척 등을 전력으로 해상경비대가 창설되었다.[312]

310) 김현, "미국의 일본 재무장 결정(1950년 9월)의 외교정책 결정론적 분석," 『한국정치학회보』, Vol. 30, No. 2(1997), p. 367.

311) 양영조(서울: 선인, 2007), p. 389.

312) 같은 책, p. 397.

이후 보안대는 오늘날의 자위대로 발전하였다. 자위대의 창설은 아이젠하워 행정부의 역할에 힘입은 바 크다. 앞서 살펴본 대로 아이젠하워 행정부는 대량 보복 전략을 추구하면서 지역적 분쟁에서는 역내 국가들의 지상 전력 부담을 요구하였는데 일본에 대해서도 대규모의 군사력 강화를 제기하였다. 미국이 제공하는 상호안전보장법(Mutual Support Act, MSA)에 의한 원조를 수용하는 대가로 자국의 자위 및 자유세계의 방위를 위하여 전향적인 기여를 요구하였던 것이다. 요시다 내각은 1953년 7월부터 미국과 교섭을 시작하며 내부적으로 미국의 요구에 부응하기 위해 자위력 증강을 위한 방안을 모색하였다. 결국 일본 정부는 자위를 위한 장기 계획을 수립하고 보안대를 개편해서 외국의 직접적인 침략에 대한 방위를 전담할 18만 명 규모의 자위대를 창설할 것을 확정하였고 그에 따라 1954년 7월 정식으로 자위대가 발족하였다.[313]

4. 일본 정부의 6·25전쟁 전략

일본은 6·25전쟁 당시 독자적으로 대응 정책을 수립하고 추진할 수 있는 입장에 처해 있지 않았다. GHQ의 지시에 의해 일본은 전쟁에 개입하게 되었고 대부분 그 양상은 간접적으로 유엔군의 활동을 지원하는 형태였다. 비록 일부가 직접적인 전투에 가담하기도 하였지만 이는 지극히 예외적인 경우였으며 전체적으로 일본은 물자의 생산과 조달 등을 담당하였다. 물론 일본은 6·25전쟁을 통하여 중요한 경제적 성장의 전기를 맞이하였으며 재무장의 길을 열었고 미·일 안보조약을 통해 안보 태세를 확립하는 성과를 거둘 수 있었다.

일본의 소극적인 입장이 일본 정부가 아무런 전략과 계획 없이 전쟁을 맞이하였다는 것을 의미하지는 않는다. 앞서 제기한 결과들

313) 후지와라 아키라 외, 노길호 역(1993), pp. 120-122.

은 일본 정부와 기업, 그리고 일부 개인이 주도적으로 환경을 활용하여 달성해 낸 성과들이다. 뿐만 아니라 일본 정부는 이 시기 가장 중요한 문제였던 강화문제를 신속하고 유리한 조건으로 매듭지으며 전후체제로의 이행을 서두를 수 있었다. 6·25전쟁은 패전국 일본에 뜻하지 않게 닥친 절호의 기회였으며 일본 정부는 이를 최대한 활용하였던 셈이다.

일본 정부는 이 시기 대체로 미국의 주도에 따라 움직이는 대미의존적인 정책을 취하였으며 비록 이것이 당시 일본 정부로서 어쩔 수 없는 것이었지만 일본이 수행한 근본적인 전략으로 간주될 수 있다. 중국이 소련의 지원을 얻기 위하여 전쟁 전부터 시종일관 소련의 요구에 응하였던 것처럼 일본 역시 미국의 요구를 수용하며 미국이 형성한 구도 아래에서 실질적인 이익을 취하고자 하였다. 일본이 전후 미국의 간접 통치를 받던 상황 아래에서 미국의 의도에 반하는 정책을 취하기는 어려웠겠지만 미국의 이익에 적극적으로 일본의 장기적인 이익을 합치시키면서 전후 복구와 안보, 그리고 성장을 위한 포석을 두어갔던 것이다.

참고문헌

1. 1차 사료

United states Department of State. "Crisis in Asia: An Examination of U.S. Policy." *Bulletin, Vol. XXII, No. 551.* Jan. 23, 1950.

——. *Foreign relations of the United States, The Conferences at Malta and Yalta, 1945.* Washington, DC: Government Printing Office, 1955.

——. *Foreign relations of the United States 1946, Vol. III.* Washington, DC: Government Printing Office, 1970.

——. *Foreign relations of the United States 1947, Vol. I.* Washington, DC: Government Printing Office, 1973.

——. *Foreign relations of the United States 1948, Vol. I, Part 2.* Washington, DC: Government Printing Office, 1976.

——. *Foreign relations of the United States 1949, Vol. VII, Part 2.* Washington, DC: Government Printing Office, 1976.

——. *Foreign relations of the United States 1950, Vol. I.* Washington, DC: Government Printing Office, 1977.

——. *Foreign relations of the United States 1950 Vol. VII.* Washington, DC: Government Printing Office, 1976.

——. *Foreign relations of the United States 1951, Vol. VII, Part 1.* Washington, DC: Government Printing Office, 1983.

——. *Foreign relations of the United States 1952-1954, Vol. XV, Part 1.* Washington, DC: Government Printing Office, 1984.

2. 인터넷 검색 자료

UNSC Resolution 82 (25 June 1950). Complaint of Aggression upon the Republic of Korea. http://www.un.org/ga/search/view_doc.asp?symbol=S/RES/82(1950) (검색일: 2013.5.11.).

UNSC Resolution 83 (27 June 1950). Complaint of Aggression upon the Republic of Korea. http://www.un.org/ga/search/view_doc.asp?symbol=S/RES/83(1950) (검색일: 2014. 8.29).

UNSC Resolution 85 (31 June 1950). Complaint of Aggression upon the Republic of Korea. http://www.un.org/ga/search/view_doc.asp?symbol=S/RES/85(1950) (검색일: 2014. 8.29).

3. 정기간행물

레오니드 바신. 「날조된 영웅 김일성」, 『신동아』. 1992년 11월호.

4. 단행본

가. 국문

국방군사연구소. 『국방정책 변천사(1945-1994)』. 서울: 국방군사연구소, 1995.

——. 『한국전쟁, 상』. 서울: 국방군사연구소, 1995.

——. 『한국전쟁자료총서 2』. 서울: 국방군사연구소, 1996.
국방부 군사편찬연구소. 『6·25전쟁사 1: 전쟁의 배경과 원인』. 서울: 국방부 군사편찬연구소, 2004.
——. 『6·25전쟁사 2: 북한의 전면남침과 초기 방어전투』. 서울: 국방부 군사편찬연구소, 2005.
——. 『6·25전쟁사 3: 한강선 방어와 초기 지연작전』. 서울: 국방부 군사편찬연구소, 2006.
——. 『6·26전쟁과 채병덕 장군』. 서울: 국방부 군사편찬연구소, 2002.
국방부 전사편찬위원회. 『국방조약 제1집: 1945-1980』. 서울: 국방부 전사편찬위원회, 1981.
——. 『한국전쟁사제1권-북괴남침과 서전기』. 서울: 국방부 전사편찬위원회, 1977.
김영호. 『한국전쟁의 기원과 전개과정』. 서울: 성신여자대학교 출판부, 2006.
남정옥. 『미국은 왜 한국전쟁에서 휴전할 수밖에 없었을까?』. 서울: 한국학술정보, 2010.
데이빗 쑤이 저. 한국전략문제연구소 역. 『중국의 6·25전쟁 참전』. 서울: 한국전략문제연구소, 2011.
로버트 올리버 저, 황정일 역. 『신화에 가린 인물 이승만』. 서울: 건국대학교출판부, 2008.
류제승. 『6·26 아직 끝나지 않은 전쟁: 북한, 소련, 중국의 전쟁기획과 수정』. 서울: 책세상, 2013.
미국 합동참모본부 저, 국방부 군사편찬위원회 역. 『한국전쟁(상)』. 서울: 국방부 군사편찬위원회, 1990.
박명림. 『한국 1950 전쟁과 평화』. 서울: 나남, 2003.
——. 『한국전쟁의 발발과 기원 I』. 서울: 나남, 2003.
——. 『한국전쟁의 발발과 기원 II』. 서울: 나남, 2003.
박영준. 『제3의 일본』. 서울: 한울, 2008.

박창희. 『현대 중국 전략의 기원』. 서울: 플래닛미디어, 2011.
병무청. 『병무행정사. 상』. 서울: 병무청, 1985.
블라지미르 니꼴라예비치 라주바예프 저, 국방부 군사편찬연구소 편. 『소련 군사고문단장 라주바예프의 6·25전쟁 보고서 1』. 서울: 국방부 군사편찬연구소, 2001.
예브게니 바자노프·나탈리아 바자노프 저, 김광린 역. 『(소련의 자료로 본)한국전쟁의 전말』. 서울: 열림, 1998.
온창일. 『한민족 전쟁사』. 서울: 집문당, 2000.
양영조. 『남북한 군사정책과 한국전쟁』. 서울: 한국학술정보, 2007.
——. 『한국전쟁과 동북아국가정책』. 서울: 선인, 2007.
이호재. 『한국외교정책의 이상과 현실』. 서울: 법문사, 1969.
소진철. 『한국전쟁의 기원: 국제공산주의의 음모』. 익산: 원광대학교 출판부: 1977.
정병준. 『38선 충돌과 전쟁의 형성』. 서울: 돌베개, 2009.
정일권. 『정일권 회고록: 6·25비록, 전쟁과 휴전』. 서울: 동아일보사, 1986.
하기와라 료, 추원료·최대순 역. 『한국전쟁: 김일성과 스탈린의 음모』. 서울: 한국논단, 1995.
한용원. 『남북한의 창군』. 서울: 오름, 2008.
홍학지 저, 홍인표 역. 『중국인이 본 한국전쟁』. 서울: 고려원, 1991.
후지와라 아키라 외, 노길호 역. 『일본 현대사, 1945-1922』. 서울: 구월, 1993.
A. V. 토르쿠노프 저, 구종서 역. 『한국전쟁의 진실과 수수께끼』. 서울: 에디터, 2003.
Rhee, Francesca Donner 조혜자 역. 『6·25와 이승만』. 서울: 기파랑, 2010.

Schnabel, James F. 저, 온창일 역. 『유엔군 전사 제3집: 정책과 지도』. 서울: 육군본부, 1973.

Torkunov, Anatolii Vasilievich 저, 허남성·이종판 역. 『한국전쟁의 진실』. 서울: 안보문제연구소, 2002.

Whiting, Allen S. 저, 국방부 전산편찬위원회 역. 『중공군 압록강을 건너다』. 서울: 국방부 전사편찬위원회, 1989.

Volkogonov 저, 한국전략문제연구소 역. 『스탈린』. 서울: 세경사, 1993.

軍事科學院軍事歷史研究所 편, 한국전략문제연구소 역. 『中國人民志願軍 抗美援朝戰史』. 서울: 세경사, 1991.

朱建榮 저, 서각수 역. 『마오쩌둥은 왜 한국전쟁에 개입했을까』. 서울: 역사넷, 2005.

나. 영문

Bowers, William T. ed. *Combat in Korea: January–February 1951.* Lexington: The University Press of Kentucky, 2008.

Breemer, Jan. S. *U.S. Naval Development.* Annapolis: The Nautical and Aviation Publishing Company of America, 1983.

Brinkley, Alan. *The Unfinished Nation.* New York: McGraw-Hill, Inc., 1993.

Deutscher, Isaac. *Stalin: A Political Biography, Second Edition.* New York: Oxford University Press, 1967.

Djilas, Milovan. *Coversation with Stalin.* New York: Harvest Book, 1962.

Foot, Rosemary. *The Wrong War.* Ithaca and London: Cornell University Press, 1985.

Gaddis, John L. *Strategies of Containment.* Oxford: Oxford University Press, 2005.

——. *The United States and the Origins of the Cold War, 1941-1947.* New York: Columbia University Press, 1976.

Gaddis, John Lewis & Thomas H. Etzold eds. *Containment.* New York: Columbia University Press, 1978.

Goncharov, Sergei N., John W. Lewis, and Xue Litai. *Uncertain Partners: Stalin, Mao, and the Korean War.* Stanford: Stanford University Press, 1993.

Kennan, George F. *Memoirs, 1925-1950.* New York: Pantheon Books, 1967.

——. "Moscow Embassy Telegram #511." Thomas H. Etzold and John L. Gaddis eds. *Containment: Documents on American Policy and Strategy, 1945-195.* New York: Columbia University Press, 1978.

Leffler, Melvyn P. *A Preponderance of Power.* Stanford: Stanford University Press, 1992.

——. *The Specter of Communism: The United States and the Origins of the Cold War, 1917-1953.* New York: Hill and Wang, 1994.

LaFeber, Walter. *American Age: U.S. Foreign Policy at Home and Abroad, Vol. 2-since 1896.* New York: W.W. Norton & Company, 1987.

Millett, Allan R. *The War for Korea, 1950-1951.* Lawrence: University Press of Kansas, 2010.

Millett, Allan R. & Peter Maslowski. *For the Common Defense: A Military History of the United States of America.* New York, London, Sydney: Free Press, 1994.

Truman, Harry S. *Memoirs, II.* Garden City, New York: Doubleday & Company, INC, 1956.

——. *Years of Trial and Hope.* New york: A Signet Book, 1956.

Zubok, Vladislav M. *A Failed Empire.* Chapel Hill: The University of North Carolina Press, 2009.

Zubok, Vladislav M. and Constantine Pleshakov. *Inside the Kremlin's Cold War.* Cambridge: Harvard University Press, 1996.

다. 일본어

大沼久夫. 『朝鮮戰爭と日本』. 東京: 新幹社, 2006.

神谷不二. 『朝鮮問題戰後資料·第I卷』. 東京: 日本國際問題研究所, 1976.

5. 논문

가. 국문

김광수. "한국전쟁 전반기 북한의 전쟁수행 연구 : 전략, 작전지휘 및 동맹관계." 경남대학교 북한대학원 박사학위 논문, 2008.

김국헌. "북한의 6·25남침 결정과정." 『군사』 제24호, 1992. pp. 226-241.

김남균. "미국의 일본 경제정책에 끼친 한국전쟁의 영향." 『미국사연구』 Vol. 8, 1998. pp. 249-284.

김병곤. "한국전쟁 기간중 한국노무단(KSC)에 대하여." 『군사』 제23호, 1991. pp. 225-257.

김 현. "미국의 일본 재무장 결정(1950년 9월)의 외교정책 결정론적 분석." 『한국정치학회보』 Vol. 30, No. 2, 1997. pp. 363-382.

남기정. “한국전쟁 시기 특별수요의 발생과 ‘생산기지’ 일본의 탄생: 특별수요의 군사적 성격에 주목하여.” 『한일군사문화연구』 Vol. 13, 2012. pp. 253-278.

류지아. “한국전쟁 전후 대일강화조약 논의에 대한 아시아 내에서 일본의 안보와 위상: 한국과의 관계를 중심으로.” 『한일민족문제연구』 Vol. 18, 2010. pp. 69-105.

문관현. “6·25전쟁 시 카투사 제도와 유엔 참전 부대로의 확대.” 『군사』 제69호, 2008. pp.191-224.

박두복. “중국의 한국전쟁 개입원인: 개입결정의 피동적·능동적 측면.” 박두복 편. 『한국전쟁과 중국』. 서울: 백산서당, 2001. pp.145-176.

박일송. “국군의 충원과 교육훈련.” 『한국전쟁사의 새로운 연구』 2. 서울: 국방부 군사편찬연구소, 2002. pp.3-54.

손경호. “미국의 한국전쟁 정전 정책 고찰: 한국군 증강 정책을 중심으로.” 『미국사연구』 제36집, 2012. pp. 139-174.

손희두. “한국전쟁 초기의 법령 조치.” 『군사』 제59호, 2005. pp. 1-46.

양영조. “남한과 유엔의 북한지역 점령정책 구상과 통치: 타협과 현실의 괴리.” 『한국 근현대 사학회』 Vol. 62. pp. 78-108.

이완범. “중국인민지원군의 한국전쟁 참전 결정과정.” 박두복 편. 『한국전쟁과 중국』. 서울: 백산서당, 2001. pp. 195-250.

이종판. “한국전쟁당시 일본의 역할에 관한 연구: 일본의 대미협력 활동을 중심으로.” 한양대학교 박사학위 논문, 2007.

주영복. “전쟁 중의 소련과 북조선 관계.” 라종일 편. 『증언으로 본 한국전쟁』. 서울: 예진, 1991. pp.41-66.

Thomas J. Cutler. “해양력과 부산교두보 방어, 1950년 6-9월.” Edward J. Maraolda ed. 김주식·정삼만·조덕현 역. 『한국전쟁과 미국 해군』. 서울: 한국해양전략연구소, 2010. pp. 9-66.

楊奎松. “중국의 한국전 출병 시말.” 박두복 편. 『한국전쟁과 중국』. 서울: 백산서당, 2001. pp. 177-194.

沈志華. “중국의 한국전쟁 참전결정에 대한 평가: 50년 후 한국전쟁 역사에 대한 고찰과 회고.” 박두복 편. 『한국전쟁과 중국』. 서울: 백산서당, 2001. pp. 251-282.

章百家. “위기처리 시각에서 본 항미원조 출병결정.” 박두복 편. 『한국전쟁과 중국』. 서울: 백산서당, 2001. pp. 177-194.

나. 영문

Weathersby, Kathryn. “Soviet Aims in Korea and the Origins of the Korean War, 1945-1950: New Evidence from Russian Archives.” *CWIHP Working Paper No. 8*, Washington, DC: Woodro Wilson Center, 1993. pp. 5-37.

색인

저자 소개

손 경 호 (孫 慶 鎬)

《학력 & 주요 경력》
- 미국 Ohio State University (역사학 박사, 2008)
- 일본 방위대학교 안전보장대학원 (국제관계학 석사, 2002)
- 육군사관학교 (문학사, 보병 소위 임관, 1993)
- 미국 Ohio State University 방문학자 (2015)
- 국방대학교 안보문제연구소 북한문제 연구센터장 (2013)
- 국방대학교 안보문제연구소 국제분쟁·테러리즘 연구센터장 (2012)
- 국방대학교 안보문제연구소 연구기획실장 (2011)
- 국방대학교 군사전략학과 교수 (2008 -)
- 육군사관학교 순환직교수 (2002)

《논문》
-「걸프전쟁과 이라크전쟁 사이의 전쟁 패러다임 변화 고찰」(서양사학 연구, 33호, 2014)
- "Maritime Security Environment in East Asian Waters," *Comprehensive Security in Northeast Asia* I, 2013.
-「일본의 2010 방위계획대강 개정의 방향과 함의」(한일군사문화연구, 제16집, 2013)
-「6·25전쟁기 인천지구 학도의용군의 조직과 활동」(군사, 제87호, 2013)
-「한미동맹의 역사: 동맹이론을 통해 본 한미동맹의 역할을 중심으로」(통일연구, 제17권 2호, 2013)
-「청해부대 대해적 작전의 분석과 개선방안 연구」(국방연구, 제55권 제1호, 2012)
-「펠로폰네소스 전쟁을 통해 본 고전기 그리스 군사전략」(서양사학연구, 제26집, 2012)
-「미국의 한국전쟁 정전 정책 고찰: 한국군 증강 정책을 중심으로」(미국사연구, 제36집, 2012)
-「최근 한국전쟁 연구 동향-2005년 이후 연구를 중심으로」(한국근현대사연구, 제56집, 2011)
-「고전기 그리스에서 나타난 경보병의 발날과 그 한계」(서양사론, 제107집, 2010)
-「민주당 정권의 안보정책과 <2010 방위계획대강>」(한일군사문화연구, 제11집, 2010)
-「펠로폰네소스 전쟁기 페리클레스의 전략에 관한 고찰」(서양사학연구, 제21집, 2009)
-「태평양 전쟁 말기 한반도에 대한 미군과 일본군의 의도와 준비: 동일한 중요성 인식과 상이한 행동」(미국사연구, 제30집, 2009)

《저서》
-『전쟁론』(서울: 플래닛 미디어, 2015), 공저
-『군사사상론』(서울: 플래닛미디어, 2014), 공저

《번역》
-『대전략의 수립: 정치, 외교, 그리고 전쟁』(서울: 국방대학교 안보문제연구소, 2013), 공역

동북아 국가들의 6·25전쟁 정책과 전략 값:13,000원

2015년 6월 20일 1판 1쇄

저 자 손 경 호
발 행 인 임 삼 규
발 행 처 **지 문 당**
주 소 413-756 경기도 파주시 광인사길 85 (본사)
110-360 서울시 종로구 돈화문로 82 (서울사무소)
등 록 1997. 12. 30. 제406-2003-000038호
영 업 부 (02)743-3192~3 팩스(02)742-4657
전자우편 sale@jimoon.co.kr
편 집 부 (02)743-3098 팩스(02)743-0227
전자우편 edit@jimoon.co.kr
홈페이지 www.jimoon.co.kr

ISBN: 978-89-6297-175-0 (93390)

이 도서의 국립중앙도서관 출판예정도서목록(CIP)은 서지정보유통지원시스템 홈페이지(http://seoji.nl.go.kr)와 국가자료공동목록시스템(http://www.nl.go.kr/kolisnet)에서 이용하실 수 있습니다. (CIP제어번호: CIP2015013945)